新版 全国一级建造师
执业资格考试三阶攻略

建设工程法规及相关知识
一级建造师考试 100 炼

浓缩考点　　提炼模块　　提分秘籍

嗨学网考试命题研究组　编

北京理工大学出版社
BEIJING INSTITUTE OF TECHNOLOGY PRESS

版权专有　侵权必究

图书在版编目（CIP）数据

建设工程法规及相关知识. 一级建造师考试100炼 / 嗨学网考试命题研究组编. -- 北京：北京理工大学出版社, 2024.6.
(全国一级建造师执业资格考试三阶攻略).
ISBN 978-7-5763-4274-1

Ⅰ. D922.297-44

中国国家版本馆CIP数据核字第20242GU954号

责任编辑： 封　雪　　　　　**文案编辑：** 毛慧佳
责任校对： 刘亚男　　　　　**责任印制：** 边心超

出版发行 /	北京理工大学出版社有限责任公司
社　　址 /	北京市丰台区四合庄路6号
邮　　编 /	100070
电　　话 /	（010）68944451（大众售后服务热线）
	（010）68912824（大众售后服务热线）
网　　址 /	http://www.bitpress.com.cn
版 印 次 /	2024年6月第1版第1次印刷
印　　刷 /	天津市永盈印刷有限公司
开　　本 /	889 mm × 1194 mm　1/16
印　　张 /	10
字　　数 /	254千字
定　　价 /	58.00元

图书出现印装质量问题，请拨打售后服务热线，本社负责调换

嗨学网考试命题研究组

主　　编：杜诗乐

副 主 编：刘　颖　张　峰

其他成员：陈　行　杜诗乐　黄　玲　寇　伟　李　理

　　　　　李金柯　林之皓　刘　颖　马丽娜　马　莹

　　　　　邱树建　宋立阳　石　莉　王　欢　王晓波

　　　　　王晓丹　王　思　武　炎　许　军　谢明凤

　　　　　杨　彬　杨海军　尹彬宇　臧雪志　张　峰

　　　　　张　琴　朱　涵　张　芬　伊力扎提·伊力哈木

前言

注册建造师是以专业技术为依托，以工程项目管理为主业的注册执业人士。注册建造师执业资格证书是每位从业人员的职业准入资格凭证。我国实行建造师执业资格制度后，要求各大、中型工程项目的负责人必须具备注册建造师资格。

"一级建造师考试100炼"系列丛书由嗨学网考试命题研究组编写而成。编写老师在深入分析历年真题的前提下，结合"一级建造师考试100记"知识内容进行了试题配置，以帮助考生在零散、有限的时间内进一步消化考试的关键知识点，加深记忆，提高考试能力。

本套"一级建造师考试100炼"系列共有6册，分别为《建设工程经济·一级建造师考试100炼》《建设工程项目管理·一级建造师考试100炼》《建设工程法规及相关知识·一级建造师考试100炼》《建筑工程管理与实务·一级建造师考试100炼》《市政公用工程管理与实务·一级建造师考试100炼》《机电工程管理与实务·一级建造师考试100炼》。

在丛书编写上，编者建立了"分级指引、分级导学"的编写思路，设立"三级指引"，给考生以清晰明确的学习指导，力求简化学习过程，提高学习效率。

一级指引：专题编写，考点分级。 建立逻辑框架，明确重点。图书从考试要点出发，按考试内容、特征及知识的内在逻辑对科目内容进行解构，划分专题。每一专题配备导图框架，以帮助考生轻松建立科目框架，梳理知识逻辑。

二级指引：专题雷达图，分别从分值占比、难易程度、案例趋势、实操应用、记忆背诵五个维度解读专题。 指明学习攻略，明确掌握维度。针对每个考点进行星级标注，并配置3~5道选择题。针对实务科目在每一专题下同时配备了"考点练习"模块（案例分析题）帮助考生更为深入地了解专题出题方向。

三级指引：随书附赠色卡，方便考生进行试题自测。

本套丛书旨在配合"一级建造师考试100记"帮助考生高效学习，掌握考试要点，轻松通过注册建造师考试。编者在编写过程中虽已反复推敲核证，但疏漏之处在所难免，敬请广大考生批评指正。

目录

第一部分　前　瞻 / 1

第二部分　金题百炼 / 5

专题一　建设工程基本法律知识 / 5

专题二　建筑市场主体制度 / 24

专题三　建设工程许可法律制度 / 36

专题四　建设工程发承包法律制度 / 40

专题五　建设工程合同法律制度 / 52

专题六　建设工程安全生产法律制度 / 68

专题七　建设工程质量法律制度 / 89

专题八　建设工程环境保护和历史文化遗产保护法律制度 / 107

专题九　建设工程劳动保障法律制度 / 115

专题十　建设工程争议解决法律制度 / 127

第三部分　触类旁通 / 146

第一部分 前 瞻

一、考情分析

1.试卷构成（全科时间）

科目	考试时长	题型	题量及分值	满分	合格标准
经济	9:00—11:00	单选题	60题×1分=60分	100分	60分
		多选题	20题×2分=40分		
法规	14:00—17:00	单选题	70题×1分=70分	130分	78分
		多选题	30题×2分=60分		
管理	9:00—12:00	单选题	70题×1分=70分	130分	78分
		多选题	30题×2分=60分		
实务	14:00—18:00	单选题	20题×1分=20分	160分	96分
		多选题	10题×2分=20分		
		案例题	5题共120分		

建设工程法规及相关知识科目考试题型全部为客观题，包括单项选择题和多项选择题。考试注重考查知识点的记忆、理解，实际场景的应用，考题大多源于教材，相比于实务科目，法规科目考题超纲题目较少。

建设工程法规及相关知识科目复习备考应基于新教材及新考试大纲，以历年考题为指导。备考过程中应谨记建造师考试是合格性考试，复习要主次分明，复习重点应放在常规考点上。所谓"重者恒重"，考试的核心内容是基本固定的，每年虽有变化，但涉及的高频知识点变化不大，高频考点考生仍要高度重视！

2.专题划分

法规教材分为十章，对应本书十个专题，各专题近五年考试分值分布见下表。

专题内容	分值预估/分
专题一　建设工程基本法律知识	20
专题二　建筑市场主体制度	10
专题三　建设工程许可法律制度	5
专题四　建设工程发承包法律制度	15
专题五　建设工程合同法律制度	15
专题六　建设工程安全生产法律制度	15
专题七　建设工程质量法律制度	15
专题八　建设工程环境保护和历史文化遗产保护法律制度	5
专题九　建设工程劳动保障法律制度	10
专题十　建设工程争议解决法律制度	20

专题一　建设工程基本法律知识

本专题主要涉及建设工程基本法律知识的介绍，包括法律基础、物权制度、知识产权制度、侵权责任制度、税收制度、行政法律制度、刑事法律制度等。在2024年教材中，本专题内容做了大量增删和逻辑调整，预估考试分值在20分左右。在学习本专题知识时，应注重理解，活学活用，切勿死记硬背。

专题二　建筑市场主体制度

本专题主要涉及建筑市场主体制度的介绍，包括建筑市场的一般规定、建筑业企业资质制度、建造师注册执业制度、建筑市场主体信用体系建设等相关规定。预估考试分值在10分左右，相对来说分值占比不高。在学习本专题知识时，要注重关键词的把握和记忆，多读多看，熟悉内容。

专题三　建设工程许可法律制度

本专题主要涉及建设工程规划许可、建设工程施工许可等。在2024年的教材中，本专题规划许可的内容为新增，预估本专题考试分值在5分左右，相对来说分值占比较低，并不是考试的重点。在学习本专题知识时，应抓住重点，合理分配时间和精力。

专题四　建设工程发承包法律制度

本专题主要涉及建设工程发承包的一般规定、建设工程招标投标制度、非招标采购制度等。其中，非招标采购制度为2024年新增内容。预估本专题考试分值在15分左右，其中招标投标制度为学习的主要内容。在学习本专题知识时，应结合工程实践知识，理解记忆，融会贯通。

专题五　建设工程合同法律制度

本专题主要涉及合同的基本规定、建设工程合同制度、相关合同制度等。在2024年的教材中，本专题内容有增删和修改，尤其是将劳动合同的相关内容独立成一个专题，对相关合同制度中的合同种类做了调整，预估考试分值在15分左右。在学习本专题知识时，应注重理论联系实际，以理解为主，能对相关法条做辨析。

专题六　建设工程安全生产法律制度

本专题主要涉及建设单位和相关单位的建设工程安全责任制度、施工安全生产许可证制度、施工安全生产责任制度、施工现场安全防护制度、施工安全事故的应急救援和调查处理等。在2024年的教材中，本专题内容做了一定的调整，但整体变化不大，预估考试分值在15分左右。在学习本专题知识时，应以理解为主，抓住关键词，对考点的把握要精确。

专题七　建设工程质量法律制度

本专题主要涉及工程建设标准、无障碍环境建设制度、建设单位及相关单位的质量责任和义务、施工单位的质量责任和义务、建设工程竣工验收制度、建设工程质量保修制度等。在2024年的教材中，本专题内容调整不大,主要新增了无障碍环境建设制度的相关内容,预估考试分值在15分左右。在学习本专题知识时,应联系工程实际理解相关内容,辨析关键词,对考点精准把握。

专题八　建设工程环境保护和历史文化遗产保护法律制度

本专题内容较少,同时考试分值低,可不作为复习备考重点。本专题主要涉及建设工程环境保护制度、施工中历史文化遗产保护制度等。在2024年的教材中,本专题内容中删除了施工节约能源制度的相关要求,预估考试分值为5分。相对来说分值不高,不需要花费过多的时间和精力。

专题九　建设工程劳动保障法律制度

本专题主要涉及劳动合同制度、劳动用工和工资支付保障、劳动安全卫生和保护、工伤保险制度、劳动争议的解决等。在2024年的教材中,本专题从原本的一个小节扩充为一个专题,内容更加丰富,预估考试分值在10分左右。在学习本专题知识时,要能和生活关联,举一反三,理解相关内容。

专题十　建设工程争议解决法律制度

本专题主要涉及建设工程争议和解、调解制度、仲裁制度、民事诉讼制度、行政复议制度、行政诉讼制度等。在2024年的教材中,本专题内容对民事诉讼制度做了大篇幅修改,对行政诉讼制度做了大篇幅扩充,预估考试分值在20分左右。本专题内容的学习难度较大、易错易混,需要在学习时多听、多练,勤做总结。

二、题型分析及答题技巧

题目类型	典型考法	题干示例	卷面比重
填空题	一句话考查方式,对关键词进行挖空	我国法的形式中,(　　)是指由全国人民代表大会和全国人民代表大会常务委员会制定颁布的规范性法律文件	20%
归属题	一般问法是"……包括(　　)""属于……的是(　　)"	下列情形中,应当视同为工伤的情形是(　　)	25%
计算题	对计算公式及其原理的考查	甲施工企业与乙材料供应商订立了总货款为200万元的买卖合同,约定甲向乙给付定金50万元作为合同履行的担保,同时约定任何一方违约均应当向对方支付违约金40万元。甲因资金困难,经乙同意后,实际向乙支付定金30万元,后乙不能履行合同义务,甲能够获得人民法院支持的最高金额是(　　)	5%
综合判断题	填空概念题的进一步升级,需要几句话综合判断。一般问法是"关于……正确的有(　　)"或"关于……错误的有(　　)"	关于施工许可证的法定批准条件的说法,正确的有(　　)	50%

本科目考试题目分成单项选择题和多项选择题。对于单项选择题，四选一，宁可错选，不可不选。对于多项选择题，五选多，宁可少选，不可多选，可采取下列方法作答：

①**直接法**。直接选择自己认为一定正确的选项。

②**排除法**。如果无法采用直接法，由于正确选项几乎直接来自于教材，因此首先排除明显不全面、不完整或不正确的选项，其次排除命题者设计的干扰选项，从而提高客观题的正确率。

③**比较法**。对各选项加以比较，分析它们之间的不同点，考虑它们之间的关系，通过对比分析判断出题者的意图。

④**推测法**。利用上下文推测题意，结合常识判断其义，以期选出正确的选项。

考试采用机读评卷，必须使用2B铅笔在答题卡上作答，要特别注意答题卡上的选项是横排还是竖排，不要涂错位置。单项选择题共70题，每题1分，每题的备选项中，只有1个最符合题意。多项选择题共30题，每题2分，每题的备选项中，有2个或2个以上符合题意，至少有1个错项，错选不得分；少选，所选的每个选项得0.5分。

三、100炼编写

本书从内容关联性出发，将法规科目划分为十个专题："建设工程基本法律知识""建筑市场主体制度""建设工程许可法律制度""建设工程发承包法律制度""建设工程合同法律制度""建设工程安全生产法律制度""建设工程质量法律制度""建设工程环境保护和历史文化遗产保护法律制度""建设工程劳动保障法律制度""建设工程争议解决法律制度"，与"100记"图书对应。

"金题百炼"部分，题目按"100记"对应考点编排，每个考点均搭配精心选取的典型题目，供读者练习。

"触类旁通"部分，为考生总结法规科目中一类常见的考题，即"时间数字"，这一部分题目分散在不同考点中，经常容易混淆，这里按照时间的"由小到大"排列，更加方便大家记忆。

第二部分　金题百炼

专题一　建设工程基本法律知识

导图框架

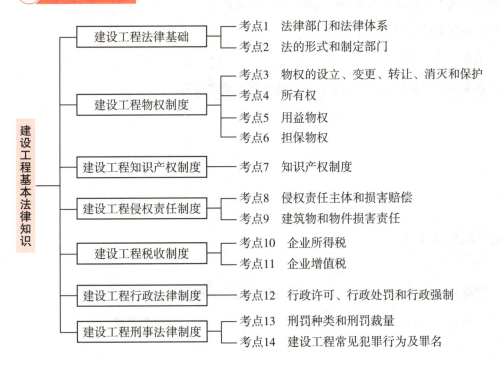

专题雷达图

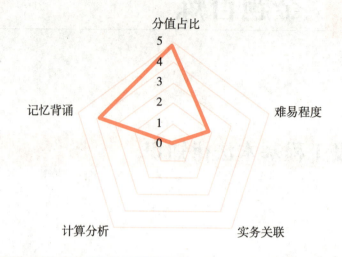

分值占比：本专题在法规考试中分值占比很高，预计20分左右。

难易程度：本专题考点较多，相互之间关联性不强，学习难度较高。

实务关联：本专题与实务考试无相关联考点。

计算分析：本专题不会考查计算题。

记忆背诵：本专题需要记忆的知识点比较抽象，应注重理解，活学活用。

考点练习

考点1 法律部门和法律体系★★

1.在我国法律体系中，根据一定标准、原则所制定的同类法律规范的总称是（　　）。

A.法律形式　　　　　B.法律部门　　　　　C.法律规章　　　　　D.法律制度

【答案】B

【解析】B选项正确，在我国法律体系中，根据所调整的社会关系性质不同，可以划分为不同的部门法。部门法又称法律部门，是根据一定标准、原则所制定的同类法律规范的总称。

2.规定并调整平等主体的公民间、法人间及公民与法人间的财产关系和人身关系的法律规范的总称是（　　）。

A.行政法　　　　　B.民法　　　　　C.经济法　　　　　D.商法

【答案】B

【解析】A选项错误，行政法是调整行政主体在行使行政职权和接受行政法制监督过程中而与行政相对人、行政法制监督主体之间发生的各种关系，以及行政主体内部发生的各种关系的法律规范的总称。B选项正确，民法是规定并调整平等主体的公民间、法人间及公民与法人间的财产关系和人身关系的法律规范的总称。C选项错误，经济法是调整国家在协调、干预经济运行的过程中发生的经济关系的法律规范的总称。D选项错误，商法是调整市场经济关系中商人及其商事活动的法律规范的总称。

3.以下法律中全部属于行政法的是（　　）。

A.《节约能源法》《城市房地产管理法》《行政处罚法》《城乡规划法》

B.《土地管理法》《劳动法》《行政复议法》《行政许可法》

C.《城市房地产管理法》《行政复议法》《环境影响评价法》《标准化法》

D.《土地管理法》《城市房地产管理法》《环境影响评价法》《城乡规划法》

【答案】D

【解析】D选项正确，《土地管理法》《城市房地产管理法》《行政处罚法》《行政复议法》《环境影响评价法》《行政许可法》《城乡规划法》等属于行政法。A选项错误，《节约能源法》属于经济法。B选项错误，《劳动法》属于社会法。C选项错误，《标准化法》属于经济法。

考点2　法的形式和制定部门★★★

1.从法的形式来看，《招标投标法实施条例》属于（　　）。

A.法律　　　　　　B.行政法规　　　　　　C.地方性法规　　　　　　D.地方政府规章

【答案】B

【解析】B选项正确，法规找条例，规章定法则（规定、办法、实施细则），地方带地名。本题条例结尾+不带地名=行政法规。

2.下列与工程建设有关的规范性文件中，由国务院制定的是（　　）。

A.《招标公告发布暂行办法》　　　　　　B.《城市房地产开发经营管理条例》

C.《建筑法》　　　　　　D.《建筑业企业资质管理规定》

【答案】B

【解析】A、D选项属于部门规章，由国务院各部委制定。B选项属于行政法规，由国务院制定。C选项属于法律，由全国人民代表大会及其常务委员会制定。

3.当地方性法规与部门规章之间对同一事项的规定不一致，不能确定如何适用时，应（　　）。

A.由制定机关裁决　　　　　　B.由国务院提出意见

C.由国务院裁决　　　　　　D.由地方人民代表大会常务委员会裁决

【答案】B

【解析】B选项正确，地方性法规与部门规章之间对同一事项的规定不一致，不能确定如何适用时，由国务院提出意见，国务院认为应当适用地方性法规的，应当决定在该地方适用地方性法规的规定；认为应当适用部门规章的，应当提请全国人民代表大会常务委员会裁决。需要注意的是C选项，这里要分情形，不能直接由国务院裁决，所以不能选。

4.下列情形中，需要由全国人民代表大会常务委员会做决定的有（ ）。

A.法律之间对同一事项的新的一般规定与旧的特别规定不一致，不能确定如何适用

B.行政法规之间对同一事项的新的一般规定与旧的特别规定不一致，不能确定如何适用

C.地方性法规与部门规章之间对同一事项的规定不一致，不能确定如何适用

D.部门规章之间对同一事项的规定不一致，不能确定如何适用

E.根据授权规定的法规与法律规定不一致，不能确定如何适用

【答案】AE

【解析】B选项错误，行政法规之间对同一事项的新的一般规定与旧的特别规定不一致，不能确定如何适用时，由国务院裁决。C选项错误，地方性法规与部门规章之间对同一事项的规定不一致，不能确定如何适用时，由国务院提出意见，国务院认为应当适用地方性法规的，应当决定在该地方适用地方性法规的规定；认为应当适用部门规章的，应当提请全国人民代表大会常务委员会裁决。D选项错误，部门规章之间、部门规章与地方政府规章之间对同一事项的规定不一致时，由国务院裁决。

5.关于法的效力层级的说法中正确的是（ ）。

A.行政法规的效力高于地方性法规和部门规章

B.地方性法规与地方政府规章之间具有同等效力

C.省、自治区人民政府制定的规章与设区的市、自治州人民政府制定的规章之间具有同等效力

D.部门规章的效力高于地方政府规章

【答案】A

【解析】B选项错误，地方性法规的效力高于地方政府规章。C选项错误，省、自治区人民政府制定的规章的效力，高于本行政区域内设区的市、自治州人民政府制定的规章。D选项错误，部门规章之间、部门规章与地方政府规章之间具有同等效力，在各自的权限范围内施行。

考点3 物权的设立、变更、转让、消灭和保护★★

1.根据《物权法》，当事人之间订立有关设立、变更、转让和消灭不动产物权的合同，除法律另有规定或合同另有约定外，该合同效力为（ ）。

A.合同自办理物权登记时生效　　　　　　B.合同自成立时生效

C.未办理物权登记合同无效　　　　　　　D.未办理物权登记不影响合同效力

E.合同生效当然发生物权效力

【答案】BD

【解析】B、D选项正确，不动产物权的设立、变更、转让和消灭，应当依照法律规定登记，自记载于不动产登记簿时发生效力。经依法登记，发生效力；未经登记，不发生效力，但法律另有规定的除外。当事

人之间订立有关设立、变更、转让和消灭不动产物权的合同，除法律另有规定或者合同另有约定外，自合同成立时生效；未办理物权登记的，不影响合同效力。

2.关于不动产物权设立的说法，正确的有（　　）。

A.不动产物权变动未经登记，不影响当事人之间订立的消灭不动产物权合同的效力

B.依法属于国家所有的自然资源，所有权可以不登记

C.不动产物权的设立属自愿登记

D.不动产物权自合同成立时设立

E.不动产物权登记由不动产所在地的登记机构办理

【答案】ABE

【解析】C选项错误，不动产物权的设立、变更、转让和消灭，应当依照法律规定登记。D选项错误，不动产物权自记载于不动产登记簿时发生效力。经依法登记，发生效力；未经登记，不发生效力，但法律另有规定的除外。

3.物权变更自登记时发生法律效力的是（　　）。

A.船舶所有权　　　B.土地抵押权　　　C.机动车所有权　　　D.地役权

【答案】B

【解析】B选项正确，不动产物权的设立、变更、转让和消灭，应当依照法律规定登记，自记载于不动产登记簿时发生效力。经依法登记，发生效力；未经登记，不发生效力，但法律另有规定的除外。A选项和C选项是交付时发生效力。D选项是合同生效时设立。

4.某施工单位在工程施工中采取的保护措施不当，致使与该工程毗邻的若干民宅开裂和倾斜，且一围墙倒塌，造成部分居民出行不便甚至有部分居民车辆受损。对此，受影响的居民可请求（　　）。

A.确认物权　　　　　　　　　　　B.排除妨害

C.消除危险　　　　　　　　　　　D.返还原物

E.损害赔偿

【答案】BCE

【解析】B、C、E选项正确，民宅开裂和倾斜有安全隐患，所以可以请求消除危险。围墙倒塌造成部分居民出行不便妨害了居民的权益，所以可以请求排除妨害。围墙倒塌造成部分居民车辆受损的，可以请求损害赔偿。

考点4　所有权★

1.在所有权的权能中，（　　）是所有人的最基本的权利，是所有权内容的核心。

A.收益权　　　B.处分权　　　C.使用权　　　D.占有权

【答案】B

【解析】B选项正确，处分权是所有人的最基本的权利，是所有权内容的核心。

2.关于所有权的权能，下列说法中正确的是（　　）。

A.占有权只能由所有人享有

B.财产所有权的权能包括占有权、使用权、收益权、处分权

C.要想享有收益权，就必须行使对物的使用权

D.占有权是所有人的最基本的权利，是所有权内容的核心

【答案】B

【解析】A选项错误，占有权可以根据所有人的意志和利益分离出去，由非所有人享有。C选项错误，收益往往是因为使用而产生的，因而收益权也往往与使用权联系在一起。但是，收益权本身是一项独立的权能，而使用权并不能包括收益权。有时，所有人并不行使对物的使用权，却仍可以享有对物的收益权。D选项错误，处分权是所有人的最基本的权利，是所有权内容的核心。

3.下列对收益权的描述中正确的是（　　）。

A.使用权包括收益权

B.收益权不是一项独立的权能

C.收益权是指收取由原物产生出来的新增经济价值的权能

D.所有人不行使对物的使用权，则不能享有对物的收益权

【答案】C

【解析】A、B、D选项错误，收益权是指收取由原物产生出来的新增经济价值的权能。收益往往是因为使用而产生的，因而收益权也往往与使用权联系在一起。但是，收益权本身是一项独立的权能，使用权并不能包括收益权。有时，所有人并不行使对物的使用权，却仍可以享有对物的收益权。

考点5　用益物权★★★

1.下列物权中属于用益物权的有（　　）。

A.土地所有权　　　　　　　　B.地役权

C.不动产抵押权　　　　　　　D.居住权

E.土地承包经营权

【答案】BDE

【解析】B、D、E选项正确，用益物权包括土地承包经营权、建设用地使用权、居住权、宅基地使用权和地役权。A选项属于所有权。C选项属于担保物权。

2.关于建设用地使用权的说法，正确的是（　　）。

A.建设用地使用权仅可以在地表上设立

B.设立建设用地使用权，可以采取出让或者转让等方式

C.工业用地应当采取协商的方式出让

D.新设立的建设用地使用权,不得损害已设立的用益物权

【答案】D

【解析】A选项错误,建设用地使用权可以在地表、地上、地下分别设立。B选项错误,设立建设用地使用权,可以采取出让或者划拨等方式。C选项错误,工业、商业、旅游、娱乐和商品住宅等经营性用地以及同一土地有两个以上意向用地者的,应当采取招标、拍卖等公开竞价的方式出让。

3.关于建设用地使用权的说法中正确的有（　　）。

A.建设用地使用权自合同生效时设立

B.建设用地使用权可以在土地的地表、地上或者地下分别设立

C.建设用地使用权人将建设用地使用权转让,可以采用口头约定的形式

D.建设用地使用权可以与附着于土地上的建筑物、构筑物及其附属设施分别处分

E.住宅建设用地使用权期间届满的,自动续期

【答案】BE

【解析】A选项错误,设立建设用地使用权,可以采取出让或者划拨等方式。设立建设用地使用权的,应当向登记机构申请建设用地使用权登记。建设用地使用权自登记时设立。C选项错误,当事人应当采取书面形式订立相应的合同。D选项错误,附着于土地上的建筑物、构筑物及其附属设施一并处分。

4.下列关于城市建设用地使用权的表述中正确的是（　　）。

A.城市建设用地使用权,可在土地地表、地上或地下分别设立

B.严禁以划拨方式设立建设用地使用权

C.经营性建设用地可以采用招标、拍卖方式出让

D.建设用地使用权存在于国有土地和集体土地上

【答案】A

【解析】B选项错误,设立建设用地使用权,可以采取出让或者划拨等方式,但是国家严格限制以划拨方式设立建设用地使用权,采取划拨方式的,应当遵守法律、行政法规关于土地用途的规定。C选项错误,经营性用地应当采取招标、拍卖等公开竞价的方式出让,而不是"可以"。D选项错误,建设用地使用权只能存在于国家所有的土地上,不包括集体所有的农村土地。

5.关于地役权的说法中正确的是（　　）。

A.设立地役权的目的是利用他人的不动产,以提高自己的不动产的效益

B.地役权按照行政主管部门的决定设立

C.地役权自登记时设立

D.地役权不得和宅基地使用权设立在同一土地上

【答案】A

【解析】B选项错误,地役权是按照当事人的约定设立的用益物权。C选项错误,地役权自地役权合同生

效时设立。D选项错误，土地上已设立土地承包经营权、建设用地使用权、宅基地使用权等权利的，未经用益物权人同意，土地所有权人不得设立地役权。

6.甲在乙拥有使用权的土地上设立地役权并办理了登记，乙将自己的土地使用权让给丙。以下说法正确的是（　　）。

A.甲的地役权因办理登记而设立　　　　B.乙转让土地使用权应经甲同意

C.土地所有权人设立地役权不必经乙同意　　D.甲的地役权对丙具有约束力

【答案】D

【解析】A选项错误，地役权自地役权合同生效时设立。B选项错误，供役地或者需役地的转让不需要征得对方同意。C选项错误，土地上已设立土地承包经营权、建设用地使用权、宅基地使用权等权利的，未经用益物权人同意，土地所有权人不得设立地役权。

考点6　担保物权★★★

1.除担保合同另有约定之外，主合同无效的，担保合同（　　）。

A.效力待定　　　　B.可变更　　　　C.无效　　　　D.可撤销

【答案】C

【解析】C选项正确，担保合同是主债权债务合同的从合同。主债权债务合同无效的，担保合同无效，但是法律另有规定的除外。

2.下列关于抵押权的说法，正确的有（　　）。

A.抵押物需要转移占有至抵押权人

B.宅基地的土地使用权可以作为抵押物

C.建筑物和其他土地附着物作为抵押物的，应当办理抵押登记，抵押权自登记时设立

D.抵押权与其担保的债权同时存在

E.抵押权可以与债权分离而单独转让或者作为其他债权的担保

【答案】CD

【解析】A选项错误，抵押是指债务人或者第三人不转移对财产的占有，将该财产作为债权的担保。B选项错误，宅基地、自留地、自留山等集体所有土地的使用权不得抵押，但是法律规定可以抵押的除外。E选项错误，抵押权不得与债权分离而单独转让或者作为其他债权的担保。

3.下列财产中，可以抵押的是（　　）。

A.土地所有权　　　　　　　　　　　　　B.建设用地使用权

C.医疗机构的医疗设施　　　　　　　　　D.学校、幼儿园的教育设施

【答案】B

【解析】B选项正确，债务人或者第三人有权处分的下列财产可以抵押：（1）建筑物和其他土地附着物；

（2）建设用地使用权（对应B选项）；（3）海域使用权；（4）生产设备、原材料、半成品、产品；（5）正在建造的建筑物、船舶、航空器；（6）交通运输工具；（7）法律、行政法规未禁止抵押的其他财产。

A、C、D选项错误，下列财产不得抵押：（1）土地所有权（对应A选项）；（2）宅基地、自留地、自留山等集体所有土地的使用权，但是法律规定可以抵押的除外；（3）学校、幼儿园、医疗机构等为公益目的成立的非营利法人的教育设施、医疗卫生设施和其他公益设施（对应C选项、D选项）；（4）所有权、使用权不明或者有争议的财产；（5）依法被查封、扣押、监管的财产；（6）法律、行政法规规定不得抵押的其他财产。

4.下列关于质权的说法，正确的是（　　）。

A.动产质权不需要转移占有

B.不动产可以作为质物

C.著作权里的财产权可以作为权利质押

D.权利质权不需要将权利凭证交付质押人

【答案】C

【解析】A选项错误，动产质权是指为担保债务的履行，债务人或者第三人将其动产出质给债权人占有的，债务人不履行到期债务或者发生当事人约定的实现质权的情形，债权人有权就该动产优先受偿。B选项错误，不动产不能转移占有，所以不能作为质物。D选项错误，质权自权利凭证交付质权人时设立，所以需要交付权利凭证；没有权利凭证的，质权自办理出质登记时设立。

5.关于权利质权的说法，正确的是（　　）。

A.将有的应收账款不得出质

B.以专利权中的财产权出质后，出质人不得许可他人使用专利权

C.以基金份额出质的，质权自权利凭证交付质权人时设立

D.以商业承兑汇票出质的，质权自办理出质登记时设立

【答案】B

【解析】A选项错误，现有的以及将有的应收账款可以出质。C、D选项错误，以汇票、本票、支票、债券、存款单、仓单、提单出质的，质权自权利凭证交付质权人时设立。

6.施工企业购买材料设备之后由保管人进行储存，存货人未按合同约定向保管人支付仓储费时，保管人有权扣留足以清偿其所欠仓储费的货物。保管人行使的权利是（　　）。

A.抵押权　　　　　　　　　　　　B.质权

C.留置权　　　　　　　　　　　　D.用益物权

【答案】C

【解析】C选项正确，留置权是指债权人按照合同约定占有债务人的动产，债务人不按照合同约定的期限履行债务的，债权人有权依照法律规定留置该财产，以该财产折价或者以拍卖、变卖该财产的价款优先受偿的权利。题干中施工单位按合同约定将材料设备交给保管人，符合留置的情形。

考点7 知识产权制度 ★★★

1.某设计院指派本院工程师张某为某建设单位设计住宅楼,设计合同中没有约定设计图著作权的归属。该设计图的著作权属于(　　)。

　　A.张某　　　　　　　　　　　　B.建设单位

　　C.设计院　　　　　　　　　　　D.建设单位和设计院共同所有

【答案】C

【解析】C选项正确,基于委托作品来说,合同未作明确约定或者没有订立合同的,著作权属于受托人。如果是基于特殊职务作品来说,作者有署名权,单位有其他权利,因此应该是作者和单位共同享有。

2.关于著作权保护期的说法,正确的是(　　)。

　　A.作者的署名权、修改权、保护作品完整权的保护期为作者终生及其死后50年

　　B.公民的作品,其发表权、使用权和获得报酬权的保护期不受限制

　　C.法人或者其他组织的作品的发表权、使用权和获得报酬权的保护期为50年

　　D.法人或者其他组织的作品,自创作完成后30年内未发表的,不再受《著作权法》保护

【答案】C

【解析】A选项错误,作者的署名权、修改权、保护作品完整权的保护期不受限制。B选项错误,公民的作品,其发表权、使用权和获得报酬权的保护期,为作者终生及其死后50年。D选项错误,法人或者其他组织的作品,自创作完成后50年内未发表的,不再受《著作权法》的保护。

3.授予专利权的发明和实用新型,应当具备(　　)。

　　A.排他性　　　　　　　　　　　B.新颖性

　　C.创造性　　　　　　　　　　　D.先进性

　　E.实用性

【答案】BCE

【解析】B、C、E选项正确,授予专利权的发明和实用新型,应当具备新颖性、创造性和实用性。

4.关于商标的说法,正确的是(　　)。

　　A.商标专用权的内容包括财产权和商标设计者的人身权

　　B.商标专用权的保护对象包括未经核准注册的商标

　　C.注册商标的有效期自提出申请之日起计算

　　D.商标专用权包括使用权和禁止权两个方面

【答案】D

【解析】A选项错误,商标专用权的内容只包括财产权,商标设计者的人身权受《著作权法》保护。B选项错误,商标专用权是指商标所有人对注册商标所享有的具体权利。C选项错误,注册商标的有效期为10年,自核准注册之日起计算。

5.关于注册商标转让的说法，正确的是（　　）。

A.转让注册商标的，由转让人向商标局提出申请

B.商标专用权人不得将商标与企业分离而单独转让

C.转让注册商标的，商标注册人对其在同一种商品上注册的近似的商标应当一并转让

D.注册商标的转让是指商标专用人许可他人使用其注册商标的行为

【答案】C

【解析】A选项错误，转让注册商标的，由转让人和受让人共同提出申请。B选项错误，商标专用权人可以将商标连同企业或者商誉同时转让，也可以将商标单独转让。D选项错误，注册商标的转让是指商标专用人将其所有的注册商标依法转移给他人所有并由其专用的法律行为。

考点8　侵权责任主体和损害赔偿★

1.一旦行为人的行为致人损害就推定其主观上有过错，除非其能证明自己没有过错，否则应承担民事责任，是侵权行为的（　　）。

A.无过错责任原则　　　　　　　　B.过错责任原则

C.公平责任原则　　　　　　　　　D.过错推定责任

【答案】D

【解析】D选项正确。我国侵权行为的归责原则：（1）过错责任原则，是指行为人因过错侵害他人民事权益造成损害的，应当承担侵权责任。（2）无过错责任原则，是指行为人造成他人民事权益损害，不论行为人有无过错，法律规定应当承担侵权责任的，依照其规定。（3）过错推定责任，是指一旦行为人的行为致人损害就推定其主观上有过错，除非其能证明自己没有过错，否则应承担民事责任（对应选项D）。（4）公平责任原则，是指损害双方的当事人对损害结果的发生都没有过错，但如果受害人的损失得不到补偿又显失公平的情况下，由人民法院根据具体情况和公平的观念，要求当事人分担损害后果。

2.我国侵权行为的归责原则有（　　）。

A.无过错责任原则　　　　　　　　B.过错责任原则

C.公平责任原则　　　　　　　　　D.过错推定责任

E.侵权责任原则

【答案】ABCD

【解析】A、B、C、D选项正确，我国侵权行为的归责原则：（1）过错责任原则，是指行为人因过错侵害他人民事权益造成损害的，应当承担侵权责任。（2）无过错责任原则，是指行为人造成他人民事权益损害，不论行为人有无过错，法律规定应当承担侵权责任的，依照其规定。（3）过错推定责任，是指一旦行为人的行为致人损害就推定其主观上有过错，除非其能证明自己没有过错，否则应承担民事责任。（4）公平责任原则，是指损害双方的当事人对损害结果的发生都没有过错，但如果受害人的损失得不到补偿又显

失公平的情况下，由人民法院根据具体情况和公平的观念，要求当事人分担损害后果。

3.关于侵权责任的承担方式的说法，正确的有（　　）。

A.二人以上分别实施侵权行为造成同一损害，每个人的侵权行为都足以造成全部损害的，行为人承担连带责任

B.二人以上分别实施侵权行为造成同一损害，难以确定责任大小的，承担连带责任

C.二人以上共同实施侵权行为，造成他人损害的，应当承担连带责任

D.二人以上分别实施侵权行为造成同一损害，能够确定责任大小的，各自承担相应的责任

E.二人以上实施危及他人人身、财产安全的行为，其中一人或者数人的行为造成他人损害，能够确定具体侵权人的，由侵权人承担责任

【答案】ACDE

【解析】B选项错误，分别侵权承担按份责任，二人以上分别实施侵权行为造成同一损害，能够确定责任大小的，各自承担相应的责任；难以确定责任大小的，平均承担责任。

4.侵害他人造成死亡的，额外应当赔偿的费用是（　　）。

A.死亡赔偿金　　　　　　　　B.医疗费

C.丧葬费　　　　　　　　　　D.营养费

E.辅助器具费

【答案】AC

【解析】A、C选项正确，侵害他人造成人身损害的，应当赔偿医疗费、护理费、交通费、营养费、住院伙食补助费等为治疗和康复支出的合理费用，以及因误工减少的收入。造成残疾的，还应当赔偿辅助器具费和残疾赔偿金；造成死亡的，还应当赔偿丧葬费和死亡赔偿金。B、D选项是基本的赔偿费用。E选项是造成残疾的赔偿费用。

考点9　建筑物和物件损害责任★★★

1.下列关于建筑物、构筑物或者其他设施倒塌造成他人损害的责任承担，说法正确的是（　　）。

A.应由施工单位承担全部责任

B.应由建设单位承担全部责任

C.应由建设单位和施工单位承担连带责任

D.建设单位和施工单位证明自己没有过错，在任何情况下都无须承担赔偿责任

【答案】C

【解析】C选项正确，建筑物、构筑物或者其他设施倒塌、塌陷造成他人损害的，由建设单位与施工单位承担连带责任，但是建设单位与施工单位能够证明不存在质量缺陷的除外。建设单位、施工单位赔偿后，有其他责任人的，有权向其他责任人追偿。

2.关于从建筑物中抛掷物品造成他人损害的说法中正确的有（   ）。

A.工程质量监督机构应当及时调查，查清责任人

B.由物品所有权人承担侵权责任

C.可能加害的建筑物使用人补偿后，可以向侵权人追偿

D.建筑物管理人未采取必要的安全保障措施的，应当承担相应的侵权责任

E.由建设单位和施工企业承担连带责任

【答案】CD

【解析】A选项错误，从建筑物中抛掷物品造成他人损害的，公安等机关应当依法及时调查，查清责任人。B、E选项错误，禁止从建筑物中抛掷物品。从建筑物中抛掷物品或者从建筑物上坠落的物品造成他人损害的，由侵权人依法承担侵权责任。C选项正确，可能加害的建筑物使用人补偿后，有权向侵权人追偿。D选项正确，物业服务企业等建筑物管理人未采取必要的安全保障措施的，应当依法承担未履行安全保障义务的侵权责任。

3.某广告公司受施工企业委托制作并安装的广告牌脱落致行人损害，关于民事责任承担的说法，正确的是（   ）。

A.施工企业不能证明自己没有过错，则应承担赔偿责任，广告公司承担补充赔偿责任

B.广告公司承担赔偿责任，施工企业承担补充赔偿责任

C.施工企业不能证明自己没有过错，则应承担赔偿责任，但其有权向广告公司追偿

D.广告公司承担赔偿责任，施工企业不承担责任

【答案】C

【解析】C选项正确，建筑物、构筑物或者其他设施及其搁置物、悬挂物发生脱落、坠落造成他人损害，所有人、管理人或者使用人不能证明自己没有过错的，应当承担侵权责任。所有人、管理人或者使用人赔偿后，有其他责任人的，有权向其他责任人追偿。

考点10　企业所得税 ★★

1.关于《企业所得税法》中征税对象的说法中正确的有（   ）。

A.居民企业来源于境外的所得需要缴纳企业所得税

B.居民企业来源于中国境内的所得需要缴纳企业所得税

C.设立机构、场所的非居民企业，其机构、场所来源于中国境内的所得需要缴纳企业所得税

D.未设立机构、场所的非居民企业来源于中国境外的所得需要缴纳企业所得税

E.在中国境内设立机构、场所的非居民企业，其发生在中国境外但与其所设机构、场所有实际联系的所得需要缴纳企业所得税

【答案】ABCE

【解析】A、B选项正确，居民企业应当就其来源于中国境内、境外的所得缴纳企业所得税。C、E选项正确，非居民企业在中国境内设立机构、场所的，应当就其所设机构、场所取得的来源于中国境内的所得，以及发生在中国境外但与其所设机构、场所有实际联系的所得，缴纳企业所得税。非居民企业在中国境内未设立机构、场所的，或者虽设立机构、场所但取得的所得与其所设机构、场所没有实际联系的，应当就其来源于中国境内的所得缴纳企业所得税。D选项错误，D选项说的是"境外"的收入，这是不缴税的。

2.根据《企业所得税法》，属于企业所得税不征税收入的是（　　）。

A.依法收取并纳入财政管理的政府性基金

B.特许权使用费收入

C.接受捐赠收入

D.财政拨款

E.股息红利等权益性投资收益

【答案】AD

【解析】A、D选项正确，不征税收入包括：（1）财政拨款；（2）依法收取并纳入财政管理的行政事业性收费和政府性基金（对应A选项）；（3）国务院规定的其他不征税收入（对应D选项）。

3.根据《企业所得税法》，依照外国（地区）法律成立且实际管理机构不在中国境内，但在中国境内设立机构、场所的，或者在中国境内未设立机构、场所，但有来源于中国境内所得的企业，是（　　）。

A.本国企业　　　　　　　　　　B.外国企业

C.居民企业　　　　　　　　　　D.非居民企业

【答案】D

【解析】D选项正确，企业分为居民企业和非居民企业。非居民企业，是指依照外国（地区）法律成立且实际管理机构不在中国境内，但在中国境内设立机构、场所的，或者在中国境内未设立机构、场所，但有来源于中国境内所得的企业。

考点11　企业增值税★★

1.关于增值税纳税人的说法中正确的有（　　）。

A.在中华人民共和国境内销售无形资产的单位为增值税的纳税人

B.纳税人分为一般纳税人和小规模纳税人

C.小规模纳税人应当向主管税务机关办理登记

D.小规模纳税人会计核算健全，能够提供准确税务资料的，可以向主管税务机关办理登记，不作为小规模纳税人计算应纳税额

E.在中华人民共和国境内销售不动产的个人，无须交纳增值税

【答案】ABD

【解析】C选项错误，小规模纳税人以外的纳税人应当向主管税务机关办理登记。E选项错误，在中华人民共和国境内销售货物或者加工、修理修配劳务，销售服务、无形资产、不动产以及进口货物的单位和个人，为增值税的纳税人。

2.关于增值税应纳税额计算的说法，正确的是（　　）。

A.纳税人兼营不同税率的项目，应当分别核算不同税率项目的销售额；未分别核算销售额的，从低适用税率

B.小规模纳税人发生应税销售行为，实行按照销售额和征收率计算应纳税额的简易办法，可以抵扣进项税额

C.当期销项税额小于当期进项税额不足抵扣时，其不足部分不再结转下期继续抵扣

D.纳税人销售货物、劳务、服务、无形资产、不动产，应纳税额为当期销项税额抵扣当期进项税额后的余额

【答案】D

【解析】A选项错误，未分别核算销售额的，从高适用税率。B选项错误，不得抵扣进项税额。C选项错误，不足部分结转下期继续抵扣。

3.根据《增值税暂行条例》，下列进项税额中，准予从销项税额中抵扣的是（　　）。

A.非正常损失的购进货物

B.用于集体福利的购进货物

C.从销售方取得的增值税专用发票上注明的增值税

D.用于个人消费的购进不动产

【答案】C

【解析】下列进项税额准予从销项税额中抵扣：（1）从销售方取得的增值税专用发票上注明的增值税额（对应C选项）；（2）从海关取得的海关进口增值税专用缴款书上注明的增值税额；（3）购进农产品，除取得增值税专用发票或者海关进口增值税专用缴款书外，按照农产品收购发票或者销售发票上注明的农产品买价和11%的扣除率计算的进项税额，国务院另有规定的除外；（4）自境外单位或者个人购进劳务、服务、无形资产或者境内的不动产，从税务机关或者扣缴义务人取得的代扣代缴税款的完税凭证上注明的增值税额。其他选项均为不得抵扣的情形。

考点12　行政许可、行政处罚和行政强制★★★

1.《行政许可法》规定，下列事项可以设定行政许可的有（　　）。

A.直接涉及国家安全、公共安全，需要按照法定条件予以批准的事项

B.直接关系人身健康、生命财产安全等特定活动，需要按照法定条件予以批准的事项

C.市场竞争机制能够有效调节的

D.企业或者其他组织的设立等,需要确定主体资格的事项

E.行业组织或者中介机构能自律管理的

【答案】ABD

【解析】C、E选项错误,下列事项可以不设行政许可:(1)公民、法人或者其他组织能够自主决定的;(2)市场竞争机制能够有效调节的(对应C选项);(3)行业组织或者中介机构能自律管理的(对应E选项);(4)行政机关采用事后监督等其他行为管理方式能够解决的。A、B、D选项正确,所述均属于可以设定行政许可的情形。

2.关于行政许可设定权限的说法,正确的有( )。

A.地方性法规一般情况下不得设定行政许可

B.省、自治区、直辖市人民政府规章不得设定行政许可

C.部门规章可以设定临时性行政许可

D.国务院可以采用发布决定的方式设定行政许可

E.地方性法规不得设定企业或者其他组织的设立登记及其前置性行政许可

【答案】ADE

【解析】B选项错误,尚未制定法律、行政法规和地方性法规的,因行政管理的需要,确需立即实施行政许可的,省、自治区、直辖市人民政府规章可以设定临时性的行政许可。C选项错误,除法律、行政法规、地方性法规、地方政府规章外,其他规范性文件一律不得设定行政许可。

3.下列责任承担方式,属于行政处罚的是( )。

A.拘役 B.罚金

C.停止侵害 D.责令停产停业

【答案】D

【解析】A选项错误,拘役属于刑罚中的主刑。B选项错误,罚金属于刑罚中的附加刑。C选项错误,停止侵害属于民事责任承担方式。

4.根据《行政处罚法》,地方性法规可以设定的行政处罚有( )。

A.警告 B.没收违法所得

C.吊销营业执照 D.责令企业停产停业

E.行政拘留

【答案】ABD

【解析】A、B、D选项正确,地方性法规可以设定的行政处罚种类:警告;罚款;责令停产停业;暂扣或者吊销许可证,暂扣或者吊销除营业执照外的其他执照;没收违法所得、没收非法财物。地方性法规不能够设定限制人身自由、吊销企业营业执照的行政处罚。

5.行政强制措施的种类包括( )。

A.冻结存款汇款 B.强制解除合同

C.查封场所设施或者财物　　　　　　D.限制公民人身自由

E.扣押财物

【答案】ACDE

【解析】A、C、D、E选项正确，行政强制措施的种类：（1）限制公民人身自由；（2）查封场所设施或者财物；（3）扣押财物；（4）冻结存款汇款；（5）其他行政强制措施。本题B选项不属于法定的行政强制措施。

6.下列可以由行政法规设定的具体行政强制措施是（　　）。

A.冻结存款　　　　　　　　　　　　B.扣押财物

C.查封设施　　　　　　　　　　　　D.限制人身自由

E.限制出境

【答案】BC

【解析】B、C选项正确，行政强制措施由法律设定。尚未制定法律，且属于国务院行政管理职权事项的，行政法规可以设定除限制公民人身自由、冻结存款汇款和应当由法律规定的行政强制措施以外的其他行政强制措施。其他选项所述的措施只能由法律设定。

考点13　刑罚种类和刑罚裁量★★

1.刑罚中附加刑的种类有（　　）。

A.罚款　　　　　　　　　　　　　　B.管制

C.拘役　　　　　　　　　　　　　　D.剥夺政治权利

E.没收财产

【答案】DE

【解析】D、E选项正确，附加刑包括：（1）罚金；（2）剥夺政治权利；（3）没收财产；（4）驱逐出境。A选项属于行政处罚，B、C选项属于刑事责任的主刑。

2.对于被判处拘役、3年以下有期徒刑的犯罪分子，可以宣告缓刑的条件有（　　）。

A.犯罪主体未满18周岁

B.犯罪情节较轻

C.有悔罪表现

D.没有再犯罪的危险

E.宣告缓刑对所居住社区没有任何不良影响

【答案】BCD

【解析】B、C、D选项正确，对于被判处拘役、3年以下有期徒刑的犯罪分子，同时符合下列条件的，可以宣告缓刑，对其中不满18周岁的人、怀孕的妇女和已满75周岁的人，应当宣告缓刑：（1）犯罪情节较轻；（2）有悔罪表现；（3）没有再犯罪的危险；（4）宣告缓刑对所居住社区没有重大不良影响。A选项错误，是否满18岁是区分"应当"缓刑还是"可以"缓刑的条件。E选项错误，没有重大不良影响即可，没有任何不良影响不太现实。

3.被判处管制、拘役、有期徒刑、无期徒刑的犯罪分子，在执行期间，如果认真遵守监规，接受教育改造，确有悔改表现的，或者有立功表现的，可以减刑。下列选项中属于重大立功表现之一应当减刑的是（　　）。

A.阻止他人犯罪活动的

B.检举监狱内外犯罪活动

C.在日常生产、生活中舍己救人的

D.有技术革新的

【答案】C

【解析】C选项正确，有下列重大立功表现之一的，应当减刑：（1）阻止他人重大犯罪活动的；（2）检举监狱内外重大犯罪活动，经查证属实的；（3）有发明创造或者重大技术革新的；（4）在日常生产、生活中舍己救人的（对应选项C）；（5）在抗御自然灾害或者排除重大事故中，有突出表现的；（6）对国家和社会有其他重大贡献的。其他选项未体现"重大"，所以不属于应当减刑的情形。

考点14　建设工程常见犯罪行为及罪名★★★

1.施工人员在生产、作业中违反有关安全管理的规定，因而发生重大伤亡事故或者造成其他严重后果，则该行为构成（　　）。

A.重大劳动安全事故罪

B.重大责任事故罪

C.工程重大安全事故罪

D.串通投标罪

【答案】B

【解析】B选项正确，重大责任事故罪，是指在生产、作业中违反有关安全管理的规定，因而发生重大伤亡事故或者造成其他严重后果的行为。

2.关于工程重大安全事故罪的说法，正确的有（　　）。

A.该犯罪是单位犯罪

B.该犯罪的客观方面表现为违反国家规定，降低工程质量标准，造成重大安全事故

C.该犯罪的犯罪主体包括勘察单位

D.该犯罪的法定最高刑为20年

E.该犯罪应当对直接责任人员并处罚金

【答案】ABE

【解析】C选项错误，工程重大安全事故罪，是指建设单位、设计单位、施工单位、工程监理单位违反国家规定，降低工程质量标准，造成重大安全事故的行为。D选项错误，对直接责任人员处5年以下有期徒刑或者拘役，并处罚金；后果特别严重的，处5年以上10年以下有期徒刑，并处罚金。

3.某施工单位为降低造价，在施工中使用不符合国家规定的脚手架构配件，项目经理王某得知此事后对此未作处理，要求施工队继续施工，致使多人重伤、死亡。该施工单位的行为已经构成（　　）。

A.重大劳动安全事故罪　　　　　　　　B.强令违章冒险作业罪
C.重大责任事故罪　　　　　　　　　　D.工程重大安全事故罪

【答案】A

【解析】A选项正确，重大劳动安全事故罪，是指安全生产设施或安全生产条件不符合国家规定，造成重大伤亡或其他严重后果的行为。注意，重大劳动安全事故罪是单位犯罪，重大责任事故罪是自然人犯罪，本题中问的是单位的行为构成什么罪，如果问的是项目经理王某构成什么罪才能选C选项。

专题二 建筑市场主体制度

导图框架

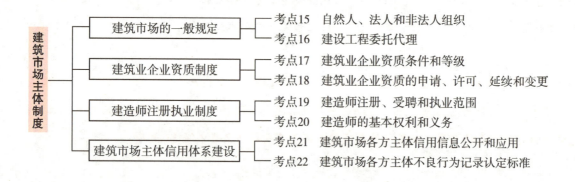

专题雷达图

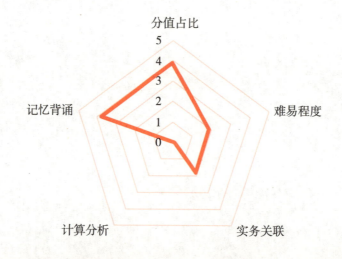

分值占比：本专题在法规考试中分值占比一般，预计10分左右。

难易程度：本专题考点不多，主要是证件类的问题，难度适中。

实务关联：本专题企业资质与实务考试有相关联考点，要注意区分。

计算分析：本专题不会考查计算题。

记忆背诵：本专题需要注重对关键词的把握，对于不同证件的有效期要区别记忆。

考点练习

考点15 自然人、法人和非法人组织★★★

1.下列关于自然人的说法中，正确的是（　　）。

A.自然人的民事权利能力随身份地位的不同会产生差异

B.自然人自出生时起就具有完全的民事行为能力

C.自然人从出生时起到死亡时止，具有民事权利能力，依法享有民事权利，承担民事义务

D.自然人从事工商业经营，经依法登记后成为企业法人

【答案】C

【解析】A选项错误，自然人的民事权利能力一律平等。B选项错误，自然人的民事行为能力分为完全行为能力、限制行为能力、无民事行为能力三种，比如八周岁以上的未成年人就是限制行为能力人。D选项错误，自然人从事工商业经营，经依法登记，为个体工商户。

2.某施工企业是法人，关于该施工企业应当具备的条件的说法，正确的是（　　）。

A.该施工企业能够自然产生

B.该施工企业能够独立承担民事责任

C.该施工企业的法定代表人是法人

D.该施工企业不必有自己的住所、财产

【答案】B

【解析】B选项正确，法人应当具备的条件：（1）依法成立（A选项错误）；（2）有自己的名称、组织机构、住所、财产或者经费（D选项错误）；（3）能够独立承担民事责任；（4）有法定代表人。C选项错误，法定代表人是自然人，施工企业是法人。

3.施工企业法定代表人甲超出公司章程的规定权限与钢材经销商乙订立了价值800万元的钢材采购合同，钢材经销商乙由于不了解施工企业的内部规定，因而并不知甲超出公司章程的规定权限。则该买卖合同（　　）。

A.有效　　　　　　B.无效　　　　　　C.可撤销　　　　　　D.效力待定

【答案】A

【解析】A选项正确，法人章程或者法人权力机构对法定代表人代表权的限制，不得对抗善意相对人。题干中乙不知情，是善意第三人，因此不得对抗，签订的买卖合同是有效的。

4.关于项目经理部的说法，正确的是（　　）。

A.项目经理部是施工企业的常设下属机构

B.施工项目不论规模大小，均应当设立项目经理部

C.项目经理部可以独立承担民事责任

D.施工企业应当明确项目经理部的职责

【答案】D

【解析】A选项错误，项目经理部是施工企业根据建设工程施工项目而组建的非常设的下属机构。B选项错误，对于大中型施工项目，施工企业应当在施工现场设立项目经理部；小型施工项目，可以由施工企业根据实际情况选择适当的管理方式。C选项错误，项目经理部不具备独立的法人资格，无法独立承担民事责任。

5.属于非法人组织的有（　　）。

A.社会团体　　　　　　　　　B.个人独资企业

C.有限合伙企业　　　　　　　D.基金会

E.普通合伙企业

【答案】BCE

【解析】B、C、E选项正确，非法人组织是不具有法人资格，但是能够依法以自己的名义从事民事活动的组织。非法人组织包括个人独资企业、合伙企业、不具有法人资格的专业服务机构等。合伙企业是指自然人、法人和其他组织依照《合伙企业法》在中国境内设立的普通合伙企业和有限合伙企业。不具有法人资格的专业服务机构主要指未取得法人资格的律师事务所、会计师事务所等专业服务机构。A、D选项错误，社会团体和基金会都属于非营利法人。

考点16　建设工程委托代理★★★

1.关于代理法律特征的说法中正确的是（　　）。

A.代为传达当事人的意思表示或者接受意思表示可以构成代理

B.代理行为必须是具有法律意义的行为

C.代理人实施代理活动的直接依据是法律规定

D.被代理人与代理人对代理行为承担连带责任

【答案】B

【解析】A选项错误，如果是代理人请朋友吃饭、聚会等，不能产生权利义务关系，就不是代理行为。C选项错误，代理人实施代理活动的直接依据是代理权限。D选项错误，被代理人对代理人的代理行为承担民事责任。

2.下列关于建设工程代理行为的设立，说法正确的是（　　）。

A.建设工程的承包活动可以委托代理

B.建设工程中的诉讼代理人必须由具有律师资格的人担任

C.代理委托书授权不明的，被代理人应当向第三人承担民事责任，代理人负连带责任

D.代理行为只能由自然人担任代理人，法人不能担任代理人

【答案】C

【解析】A选项错误，建设工程的承包活动不得委托代理。B、D选项错误，一般的代理行为可以由自然人、法人担任代理人，对其资格并无法定的严格要求，即使是诉讼代理人，也不要求必须由具有律师资格的人担任，比如可以由当事人近亲担任。

3.关于代理的说法中正确的是（　　）。

A.作为被代理人的法人终止，委托代理终止

B.代理涉及被代理人和代理人两方当事人

C.民事法律行为的委托代理必须采用书面形式

D.代理人明知被委托代理的事项违法仍进行代理的，代理人承担全部民事责任

【答案】A

【解析】B选项错误，代理涉及三方当事人：被代理人、代理人、相对人。C选项错误，可以采用书面形式，也可以用口头形式。D选项错误，明知违法，被代理人和代理人负连带责任。

4.关于表见代理的说法中正确的是（　　）。

A.表见代理属于无权代理，对本人不发生法律效力

B.本人承担表见代理产生的责任后，可以向无权代理人追偿因代理行为而遭受的损失

C.表见代理中，由行为人和本人承担连带责任

D.第三人明知行为人无代理权仍与之实施民事行为，构成表见代理

【答案】B

【解析】A选项错误，表见代理对本人产生有权代理的效力。C选项错误，表见代理中，由本人承担法律后果。D选项错误，表见代理须相对人（即题干的第三人）为善意，这是构成表见代理的主观要件。如果相对人（即题干的第三人）明知道行为人无权代理仍与之实施民事行为，则相对人为主观恶意，不构成表见代理。

5.在下列情形中，代理人应当向被代理人承担民事责任的有（　　）。

A.在第三人知道行为人没有代理权仍与其实施民事行为给被代理人造成损害的

B.经追认的越权代理行为

C.委托书授权不明的代理行为

D.代理人因事务繁忙未经被代理人同意将代理事务转托他人

E.被代理人知代理人的代理行为违法不表示反对的

【答案】AD

【解析】A选项正确，相对人知道或者应当知道行为人无权代理的，相对人和行为人按照各自的过错承担责任，因此行为人应当向被代理人承担民事责任。B选项错误，经追认的越权代理行为转化为有权代理，产生与有权代理相同的法律效力，并不会发生代理人的赔偿责任。C选项错误，委托书授权不明的，被代

人向第三人承担民事责任，代理人负连带责任。D选项正确，代理人的转委托行为没有得到被代理人的同意，因此不成立，所以造成的损失代理人应当向被代理人承担民事责任。E选项是代理人和被代理人共同向第三人承担责任的情形。

考点17　建筑业企业资质条件和等级★★

1.关于建筑业企业资质法定条件的说法中正确的有（　　）。

A.有符合规定的净资产

B.必须自行拥有一定数量的大中型机械设备

C.企业净资产是属于企业法定代表人所有并可以自由支配的资产

D.除各类别最低等级资质外，取消关于注册建造师等人员的指标考核

E.有符合规定的、已完成工程业绩

【答案】ADE

【解析】B选项错误，应该是有符合规定的技术装备。施工单位必须使用与其从事施工活动相适应的技术装备，而许多大中型机械设备都可以采用租赁或融资租赁的方式取得。因此，目前的企业资质标准对技术装备的要求并不多。C选项错误，企业净资产是指企业的资产总额减去负债以后的净额，是属于企业所有并可以自由支配的资产，即所有者权益。

2.施工企业资质序列包括（　　）。

A.施工总承包资质　　　　　　　B.专业作业资质

C.工程总承包资质　　　　　　　D.专业分包资质

E.综合资质

【答案】ABE

【解析】A、B、E选项正确，施工资质分为综合资质、施工总承包资质、专业承包资质和专业作业资质。

3.下列选项中，关于施工企业的资质类别和等级的说法，正确的是（　　）。

A.拥有施工总承包资质，可承担各行业、各等级施工总承包业务

B.申领专业作业资质采用的是审批制

C.施工总承包资质等级分为特级、一级、二级三个等级

D.综合资质和专业作业资质不分等级

【答案】D

【解析】A、B选项错误，《建设工程企业资质管理制度改革方案》将10类施工总承包企业特级资质调整为施工综合资质，可承担各行业、各等级施工总承包业务；将施工劳务企业资质改为专业作业资质，由审批制改为备案制。C选项错误，施工总承包资质、专业承包资质等级原则上压减为甲、乙两级（部分专业承包资质不分等级）。

考点18　建筑业企业资质的申请、许可、延续和变更★★

1.关于建筑业企业资质证书的申请和延续的说法，正确的有（　　）。

A.企业首次申请或增项申请资质，应当申请最低等级资质

B.申请人以书面形式承诺符合审批条件的，行政审批机关根据申请人的承诺直接作出行政批准决定

C.建筑业企业只能申请一项建筑业企业资质

D.建筑业企业资质证书有效期届满前6个月，企业应向原资质许可机关提出延续申请

E.企业按规定提出延续申请后，资质许可机关未在资质证书有效期届满前作出是否准予延续决定的，视为准予延续

【答案】ABE

【解析】C选项错误，建筑业企业可以申请一项或多项建筑业企业资质。D选项错误，建筑业企业资质证书有效期届满前3个月，企业应向原资质许可机关提出延续申请。

2.根据《建筑业企业资质管理规定》，关于建筑业企业资质的说法，正确的是（　　）。

A.在资质证书有效期内，企业地址发生变更的，资质证书无须办理变更手续

B.企业发生重组需承继原企业资质的，应当申请重新核定企业资质等级

C.企业发生合并的，可以直接承继原企业资质等级

D.在资质证书有效期内，企业法定代表人发生变更的，应当在办理资质证书变更手续后办理工商变更手续

【答案】B

【解析】A、D选项错误，在资质证书有效期内，企业名称、地址、注册资本、法定代表人发生变更的，应在工商部门办理变更手续后1个月内办理资质证书变更手续。C选项错误，企业发生合并、分立、重组以及改制等事项，需承继原建筑业企业资质的，应当申请重新核定建筑业企业资质等级。

3.建筑业企业申请资质升级、资质增项，在申请之日起的前1年内出现下列情形，资质许可机关对其申请不予批准的有（　　）。

A.未取得施工许可证擅自施工的　　　B.违反国家工程建设强制性标准施工的

C.发生过安全事故的　　　　　　　　D.将承包的工程转包或违法分包的

E.拖欠分包企业工程款或者劳务人员工资的

【答案】ABD

【解析】A、B、D选项正确，企业申请建筑业企业资质升级、资质增项，在申请之日起前1年至资质许可决定作出前，有下列情形之一的，资质许可机关不予批准其建筑业企业资质升级申请和增项申请：（1）超越本企业资质等级或以其他企业的名义承揽工程，或允许其他企业或个人以本企业的名义承揽工程的；（2）与建设单位或企业之间相互串通投标，或以行贿等不正当手段谋取中标的；（3）未取得施工许可证擅自施工的；（4）将承包的工程转包或违法分包的；（5）违反国家工程建设强制性标准施工的；（6）恶意拖

欠分包企业工程款或者劳务人员工资的；（7）隐瞒或谎报、拖延报告工程质量安全事故，破坏事故现场、阻碍对事故调查的；（8）按照国家法律、法规和标准规定需要持证上岗的现场管理人员和技术工种作业人员未取得证书上岗的；（9）未依法履行工程质量保修义务或拖延履行保修义务的；（10）伪造、变造、倒卖、出租、出借或者以其他形式非法转让建筑业企业资质证书的；（11）发生过较大以上质量安全事故或者发生过两起以上一般质量安全事故的；（12）其他违反法律、法规的行为。C选项错误，对应第（11）条，但要注意，发生过一起一般质量安全事故的不会不予升级增项。E选项错误，对应第（6）条，但要满足恶意拖欠的前提才是不予升级增项。

4.企业取得建筑业企业资质后不再符合相应资质条件且逾期不改的，其资质证书将被（　　）。

A.撤回　　　　　B.撤销　　　　　C.注销　　　　　D.吊销

【答案】A

【解析】A选项正确，企业取得建筑业企业资质后不再符合相应资质条件的，建设主管部门、其他有关部门根据利害关系人的请求或者依据职权，可以责令其限期改正；逾期不改的，资质许可机关可以撤回其资质。被撤回建筑业企业资质的企业，可以申请资质许可机关按照其实际达到的资质标准，重新核定资质。

5.可以撤销建筑业企业资质的情形是（　　）。

A.企业取得资质后不再符合相应资质条件的　　B.企业取得资质后发生重大安全事故的

C.资质许可机关违反法定程序准予资质许可的　　D.资质证书有效期到期后未及时办理续期手续的

【答案】C

【解析】A选项属于撤回的前提条件。B选项属于不予升级和增项的情形。D选项属于注销的情形。

考点19　建造师注册、受聘和执业范围★★★

1.关于一级建造师注册的说法，正确的有（　　）。

A.取得一级建造师资格证书的人员，可以自行提出注册申请

B.取得一级建造师资格证书的人员可以受聘于招标代理机构，提出注册申请

C.自一级建造师资格证书签发之日起超过3年的，不得申请注册

D.注册建造师的聘用单位可以根据工程施工需要扣押建造师的注册证书

E.未取得注册证书的，不得以注册建造师的名义从事相关活动

【答案】BE

【解析】A选项错误，取得一级建造师资格证书并受聘于一个建设工程勘察、设计、施工、监理、招标代理、造价咨询等单位的人员，应当通过聘用单位提出注册申请。C选项错误，初始注册者，可自资格证书签发之日起3年内提出申请。逾期未申请者，须符合本专业继续教育的要求后方可申请初始注册。D选项错误，注册建造师注册证书和执业印章由本人保管，任何单位（发证机关除外）和个人不得扣押注册建造师的注册证书或执业印章。

2.根据《注册建造师管理规定》，申请人申请注册的下列情形中，不予注册的是（　　）。

A.因执业活动受到刑事处罚，自刑事处罚执行完毕之日起至申请注册之日止已满7年的

B.申请人的聘用单位不符合注册单位要求的

C.年龄超过60周岁的

D.被吊销注册证书，自处罚决定之日起至申请注册之日止已满3年的

【答案】B

【解析】A选项错误，因执业活动受到刑事处罚，自刑事处罚执行完毕之日起至申请注册之日止不满5年的，不予注册。C选项错误，年龄超过65周岁的，不予注册。D选项错误，被吊销注册证书，自处罚决定之日起至申请注册之日止不满2年的，不予注册。

3.甲为某事业单位的技术人员，取得一级建造师资格证书后，正确的做法是（　　）。

A.甲不辞职，即可受聘并注册于一个施工企业

B.甲辞职后，可以受聘并注册于一个勘察企业

C.甲不辞职，即可受聘并注册于一个设计企业

D.甲辞职后，只能受聘并注册于一个施工企业

【答案】B

【解析】B选项正确，取得资格证书的人员应当受聘于一个具有建设工程勘察、设计、施工、监理、招标代理、造价咨询等一项或者多项资质的单位，经注册后方可从事相应的执业活动。

4.关于建造师的执业范围，说法正确的是（　　）。

A.小型工程施工项目负责人必须由本专业注册建造师担任

B.一级注册建造师不可担任小型工程施工项目负责人

C.一级注册建造师的薪酬待遇应当高于二级建造师

D.一级注册建造师可从事建设工程技术经济咨询工作

【答案】D

【解析】A选项错误，大中型工程施工项目负责人必须由本专业注册建造师担任。B选项错误，一级注册建造师可担任大、中、小型工程施工项目负责人。C选项错误，没有此项规定。D选项正确，注册建造师还可以从事建设工程项目总承包管理或施工管理，建设工程项目管理服务，建设工程技术经济咨询，以及法律、行政法规和国务院建设主管部门规定的其他业务。

5.一级注册建造师李某担任某施工项目负责人，在该项目竣工验收手续办结前，李某可以变更注册到另一施工企业的情形是（　　）。

A.建设单位与李某受聘企业已经解除施工合同的

B.因不可抗力暂停施工的

C.李某受聘企业同意更换项目负责人的

D.建设单位与李某受聘企业发生合同纠纷的

【答案】A

【解析】A选项正确,注册建造师担任施工项目负责人期间原则上不得更换。如发生下列情形之一的,应当办理书面交接手续后更换施工项目负责人:(1)发包方与注册建造师受聘企业已解除承包合同的(对应A选项);(2)发包方同意更换项目负责人的;(3)因不可抗力等特殊情况必须更换项目负责人的。

考点20 建造师的基本权利和义务★★

1.下列选项中,注册建造师享有的权利包括( )。

A.使用注册建造师名称

B.保管和使用本人注册证书、执业印章

C.在执业范围外从事相关专业的执业活动

D.对侵犯本人权利的行为进行申述

E.介入与自己有利害关系的商务活动

【答案】ABD

【解析】C选项错误,正确说法应是在执业范围内从事执业活动。E选项是个人行为,与是否是注册建造师无关。

2.下列选项中,既属于注册建造师的权利又属于注册建造师义务的是( )。

A.对本人执业活动进行解释和辩护　　B.接受继续教育

C.协助注册管理机关完成相关工作　　D.对侵犯本人权利的行为进行申述

【答案】B

【解析】A、D选项错误,这两个选项仅是注册建造师的基本权利。C选项错误,该选项仅是注册建造师的基本义务。

3.关于注册建造师的权利和义务的说法中正确的是( )。

A.修改注册建造师已签字并加盖执业印章的工程施工管理文件,只能由注册建造师本人修改

B.注册建造师享有保管和使用本人注册证书、执业印章的权利

C.注册建造师可以超出聘用单位业务范围从事执业活动

D.高校教师可以以注册建造师的名义执业

【答案】B

【解析】A选项错误,修改注册建造师签章的工程施工管理文件,应当征得所在企业同意后,由注册建造师本人进行修改,注册建造师本人不能进行修改的,应当由企业指定同等资格条件的注册建造师修改,并由其签字并加盖执业印章。C选项错误,注册建造师不得超出执业范围和聘用单位业务范围从事执业活动。D选项错误,取得资格证书的人员应当受聘于一个具有建设工程勘察、设计、施工、监理、招标代理、造价咨询等一项或者多项资质的单位,经注册后方可从事相应的执业活动。

考点21　建筑市场各方主体信用信息公开和应用 ★

1.关于建筑市场信用信息的说法，正确的有（　　）。

A.建筑市场信用信息由优良信用信息、不良信用信息构成

B.基本信息是指注册登记信息、资质信息、工程项目信息、注册执业人员信息等

C.优良信用信息是指建筑市场各方主体在工程建设活动中获得的省级以上行政机关或群团组织表彰奖励等信息

D.不良信用信息是指违反有关法律、法规、规章或工程建设行业标准等，受到县级以上住房城乡建设主管部门行政处罚的信息

E.招标投标违法行为记录，是指有关行政主管部门在依法履行职责过程中，对招标投标当事人违法行为所作行政处理决定的记录

【答案】BE

【解析】A选项错误，建筑市场信用信息由基本信息、优良信用信息、不良信用信息构成。C选项错误，优良信用信息是指建筑市场各方主体在工程建设活动中获得的县级以上行政机关或群团组织表彰奖励等信息。D选项错误，不良信用信息是指建筑市场各方主体在工程建设活动中违反有关法律、法规、规章或工程建设强制性标准等，受到县级以上住房城乡建设主管部门行政处罚的信息，以及经有关部门认定的其他不良信用信息。

2.建筑市场信用信息的公布期限一般为6个月到3年，但针对具体情况有不同的规定。对此，下列表述中正确的是（　　）。

A.优良信用信息的公布期限为5年

B.企业整改经审核确有实效的，可以缩短公布期限，但最短不得少于3个月

C.招标投标违法行为的公告期限为1年，但行政处罚限定当事人投标资格的期限少于1年的例外

D.需要同时在地方和全国公布的不良信用信息，公布期限可以不同

【答案】B

【解析】A选项错误，优良信用信息公布期限一般为3年。C选项错误，国务院有关行政主管部门和省级人民政府有关行政主管部门应自招标投标违法行为行政处理决定作出之日起20个工作日内对外进行记录公告。违法行为记录公告期限为6个月。依法限制招标投标当事人资质（资格）等方面的行政处理决定，所认定的限制期限长于6个月的，公告期限从其决定。D选项错误，除在当地发布外，还将由建设部统一在全国公布，公布期限与地方确定的公布期限相同。

3.关于建筑市场各方主体信用信息公开期限的说法中正确的是（　　）。

A.建筑市场各方主体的基本信息永久公开

B.建筑市场各方主体的优良信用信息公布期限一般为6个月

C.招标投标违法行为记录公告期限为1年

D.不良信用信息公开期限一般为6个月至3年,不得低于相关行政处罚期限

【答案】D

【解析】A选项错误,基本信息长期公开。B选项错误,优良信用信息公开期限一般为3年。C选项错误,招标投标违法行为记录公告期限为6个月。

4.根据《建筑市场诚信行为信息管理办法》的规定,对发布有误的信息,应（　　）。

A.撤销该信息
B.缩短信息公布期限
C.缩小信息公布范围
D.由发布该信息的建设行政主管部门进行修正

【答案】D

【解析】D选项正确,对发布有误的信息,由发布该信息的省、自治区和直辖市建设行政主管部门进行修正。

考点22　建筑市场各方主体不良行为记录认定标准★★★

1.下列情形中属于建筑市场施工企业资质不良行为的是（　　）。

A.未在规定期限内办理资质变更手续的
B.个人借用其他施工企业资质投标的
C.将承包的工程分包给不具有相应资质的单位的
D.转让安全生产许可证的

【答案】A

【解析】A选项正确,资质不良的认定标准:(1)未取得资质证书承揽工程的,或超越本单位资质等级承揽工程的;(2)以欺骗手段取得资质证书承揽工程的;(3)允许其他单位或个人以本单位名义承揽工程的;(4)未在规定期限内办理资质变更手续的（对应A选项）;(5)涂改、伪造、出借、转让建筑业企业资质证书的;(6)按照国家规定需要持证上岗的技术工种的作业人员未经培训、考核,未取得证书上岗,情节严重的。B、C选项属于承揽不良。D选项属于安全不良。

2.下列行为中,属于施工企业业务承揽不良行为的是（　　）。

A.超越本单位资质等级承揽工程的
B.允许其他单位或者个人以本单位名义承揽工程的
C.不按照与招标人订立的合同履行义务,情节严重的
D.涂改、伪造、出借、转让建筑业企业资质证书的

【答案】C

【解析】C选项正确,承揽业务不良行为认定标准:(1)利用向发包单位及其工作人员行贿、提供回扣或者给予其他好处等不正当手段承揽业务的;(2)相互串通投标或与招标人串通投标的,以向招标人或评标委员会成员行贿的手段谋取中标的;(3)以他人名义投标或以其他方式弄虚作假,骗取中标的;(4)不

按照与招标人订立的合同履行义务，情节严重的（对应C选项）；（5）将承包的工程转包或违法分包的。A、B、D选项均属于资质不良。

3.在施工单位不良行为的认定标准中，（　　）属于安全不良行为。

A.超越本单位资质等级承揽工程

B.拖欠工程款或工人工资

C.将承包的工程转包

D.在尚未竣工的建筑物内设置员工集体宿舍

【答案】D

【解析】A选项属于资质不良。B选项属于拖欠工程款或工人工资不良。C选项属于承揽业务不良。

4.下列行为中属于工程质量不良行为的是（　　）。

A.使用国家明令淘汰、禁止使用的危及施工安全的工艺、设备、材料的

B.在尚未竣工的建筑物内设置员工集体宿舍的

C.对建筑安全事故隐患不采取措施予以消除的

D.未对涉及结构安全的试块取样检测的

【答案】D

【解析】工程质量不良行为认定标准：（1）在施工中偷工减料的，使用不合格建筑材料、建筑构配件和设备的，或者有不按照工程设计图纸或施工技术标准施工的其他行为的；（2）未按照节能设计进行施工的；（3）未对建筑材料、建筑构配件、设备和商品混凝土进行检测，或未对涉及结构安全的试块、试件以及有关材料取样检测的（对应D选项）；（4）工程竣工验收后，不向建设单位出具质量保修书的，或质量保修的内容、期限违反规定的；（5）不履行保修义务或者拖延履行保修义务的。A、B、C选项均属于安全不良。

专题三　建设工程许可法律制度

导图框架

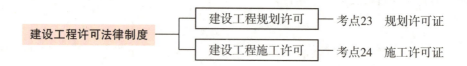

专题雷达图

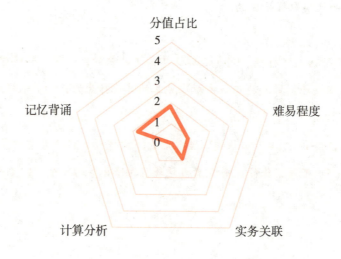

分值占比：本专题在法规考试中分值占比少，预计5分左右。

难易程度：本专题考点少，重点内容是施工许可证相关知识，难度简单。

实务关联：本专题申领施工许可证与实务考试有相关联考点。

计算分析：本专题不会考查计算题。

记忆背诵：本专题分值占比较少，应抓住重点，注意区分，合理分配时间和精力。

考点练习

考点23　规划许可证★

1.申请办理建设工程规划许可证,应当提交(　　)等材料。

A.开工许可证　　　　　　　　　　　　B.资金落实承诺书

C.施工图设计文件　　　　　　　　　　D.使用土地的有关证明文件

E.建设工程设计方案

【答案】DE

【解析】D、E选项正确,申请办理建设工程规划许可证,应当提交使用土地的有关证明文件、建设工程设计方案等材料。需要建设单位编制修建性详细规划的建设项目,还应当提交修建性详细规划。

2.在乡、村庄规划区内进行乡镇企业、乡村公共设施和公益事业建设的,由(　　)核发乡村建设规划许可证。

A.乡人民政府　　　　　　　　　　　　B.城市、县人民政府城乡规划主管部门

C.省、自治区、直辖市人民政府　　　　D.镇人民政府

【答案】B

【解析】B选项正确,在乡、村庄规划区内进行乡镇企业、乡村公共设施和公益事业建设的,建设单位或者个人应当向乡、镇人民政府提出申请,由乡、镇人民政府报城市、县人民政府城乡规划主管部门核发乡村建设规划许可证。

3.建设单位确需变更规划条件的,必须向(　　)提出申请。

A.镇人民政府

B.省、自治区、直辖市人民政府城乡规划主管部门

C.原规划批准部门的上级主管部门

D.城市、县人民政府城乡规划主管部门

【答案】D

【解析】D选项正确,建设单位应当按照规划条件进行建设;确需变更的,必须向城市、县人民政府城乡规划主管部门提出申请。变更内容不符合控制性详细规划的,城乡规划主管部门不得批准。

4.建设单位应当在竣工验收后(　　)个月内向城乡规划主管部门报送有关竣工验收资料。

A.3　　　　　　B.5　　　　　　C.6　　　　　　D.12

【答案】C

【解析】C选项正确,建设单位应当在竣工验收后6个月内向城乡规划主管部门报送有关竣工验收资料。

考点24　施工许可证★★★

1.下列需要办理施工许可证的建设工程有（　　）。

A.工程投资额为20万元的建筑工程

B.作为文物保护的纪念建筑物和古建筑等的修缮

C.建筑面积为500m²的建筑工程

D.抢险救灾及其他临时性房屋建筑

E.依法通过竞争性谈判确定供应商的建筑面积为1000m²的政府采购工程建设项目

【答案】CE

【解析】A选项错误，工程投资额在30万元以下或者建筑面积在300m²以下的建筑工程，可以不申请办理施工许可证。B选项错误，作为文物保护的纪念建筑物和古建筑等的修缮，不需要领取施工许可证。D选项错误，抢险救灾及其他临时性房屋建筑和农民自建低层住宅的建筑活动，不需要办理施工许可证。

2.关于施工许可证的法定批准条件的说法中正确的有（　　）。

A.已经确定施工企业

B.施工图设计文件已按规定审查合格

C.建设资金已全部存至工程款专用账户上

D.有保证工程质量和安全的具体措施

E.按照国务院规定的权限和程序已批准开工报告

【答案】ABD

【解析】A、B、D选项正确，建设单位申请领取施工许可证，应当具备下列条件，并提交相应的证明文件：（1）依法应当办理用地批准手续的，已经办理该建筑工程用地批准手续；（2）依法应当办理建设工程规划许可证的，已经取得建设工程规划许可证；（3）施工场地已经基本具备施工条件，需要征收房屋的，其进度符合施工要求；（4）已经确定施工企业；（5）有满足施工需要的资金安排、施工图纸及技术资料，建设单位应当提供建设资金已经落实承诺书，施工图设计文件已按规定审查合格；（6）有保证工程质量和安全的具体措施。C选项错误，提供资金落实承诺书即可，不需要打到账户上。E选项错误，开工报告和施工许可证是两种并行的制度，批准了开工报告的工程就不需要办理施工许可证，所以也不是施工许可证的申领条件。

3.关于施工许可证申请延期的说法中正确的是（　　）。

A.自领取施工许可证之日起6个月内因故不能按期开工的，应当申请延期

B.延期以3次为限，每次不得超过3个月

C.既不开工又不申请延期的，施工许可证由发证机关废止

D.超过延期时限的施工许可证，自行废止

【答案】D

【解析】A选项错误，建设单位应当自领取施工许可证之日起3个月内开工，因故不能按期开工的，应当向发证机关申请延期。B选项错误，延期以两次为限，每次不超过3个月。C选项错误，既不开工又不申请延期的，施工许可证自行废止。

4.关于建筑工程施工许可的说法中正确的有（　　）。

A.工程因故中止施工，建设单位应在中止施工之日起1个月内向原发证机关报告

B.中止施工6个月以上的工程恢复施工前，应重新核验施工许可证

C.因故不能在领取施工许可证后的3个月内开工时，应当申请延期

D.必须申请施工许可证的，须取得工程所在地县级以上人民政府住房城乡建设行政主管部门审批的施工许可证，方可施工

E.建设行政主管部门应当在接到办理施工许可证申请后30日内审批施工许可证

【答案】ACD

【解析】B选项错误，在恢复施工时，建设单位应当向发证机关报告恢复施工的有关情况。中止施工满1年的，在建设工程恢复施工前，建设单位还应当报发证机关核验施工许可证。E选项错误，发证机关应当自收到申请之日起7日内，对符合条件的申请颁发施工许可证。

5.按照国务院有关规定批准开工报告的建筑工程，因故不能按期开工超过6个月的，建设单位应当（　　）手续。

A.申请办理开工延期

B.重新办理开工报告的批准

C.申请办理施工许可证注销

D.核验开工报告批准

【答案】B

【解析】B选项正确，按照国务院有关规定批准开工报告的建筑工程，因故不能按期开工或者中止施工的，应当及时向批准机关报告情况。因故不能按期开工超过6个月的，应当重新办理开工报告的批准手续。

专题四　建设工程发承包法律制度

导图框架

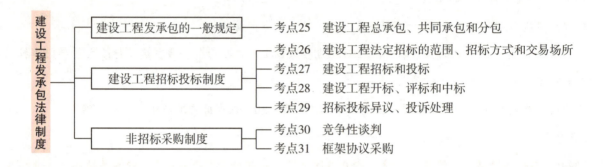

专题雷达图

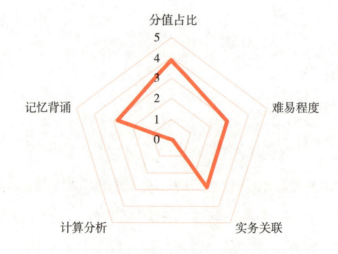

分值占比： 本专题在法规考试中分值占比适中，预计15分左右。

难易程度： 本专题考点较多，重点内容是招标投标制度相关知识，难度偏难。

实务关联： 本专题中的工程总承包、招标投标制度与实务考试有相关联的考点。

计算分析： 本专题不会考查计算题。

记忆背诵： 本专题可以结合工程实践知识理解记忆并融会贯通，然后反复强化记忆数字。

考点25　建设工程总承包、共同承包和分包★★★

1.关于工程总承包的说法中正确的是（　　）。

A.采购—施工总承包（P-C）是指工程总承包企业按照合同约定，承担工程项目采购和施工，并对承包工程的采购和施工的质量、安全、工期、造价负责

B.工程总承包是指发包人将全部施工任务发包给具有工程总承包资质的企业，由该企业按照合同的约定向建设单位负责，承包完成施工任务

C.设计采购施工总承包（EPC）是指工程总承包企业按照合同约定，承担工程项目设计和施工，并对承包工程的设计和施工的质量、安全、工期、造价负责

D.交钥匙总承包的施工必须由总承包企业自行完成

【答案】A

【解析】B选项错误，其说法对应的是施工总承包，而不是工程总承包。C选项错误，EPC承担项目的设计、采购、施工、试运行服务等工作。D选项错误，并非必须自行完成。

2.下列情形中属于违法发包的有（　　）。

A.建设单位将工程发包给个人的

B.建设单位将工程发包给不具有相应资质的单位的

C.依法应当招标未招标的

D.建设单位将一个单位工程的施工分解成若干部分发包给不同的专业承包单位的

E.建设单位将建筑工程的设计、采购、施工一并发包给一个工程总承包单位的

【答案】ABCD

【解析】A、B、C、D选项正确，存在下列情形之一的，属于违法发包：（1）建设单位将工程发包给个人的；（2）建设单位将工程发包给不具有相应资质的单位的；（3）依法应当招标未招标或未按照法定招标程序发包的；（4）建设单位设置不合理的招标投标条件，限制、排斥潜在投标人或者投标人的；（5）建设单位将一个单位工程的施工分解成若干部分发包给不同的施工总承包或专业承包单位的。E选项属于合法行为。

3.关于建设工程共同承包的说法中正确的是（　　）。

A.中小型工程但技术复杂的，可以采取联合共同承包

B.两个不同资质等级的单位实施联合共同承包的，应当按照资质等级高的单位的业务许可范围承揽工程

C.共同承担的各方就承包合同的履行对建设单位承担连带责任

D.联合体各方应当与建设单位分别签订合同，就承包工程中各自负责的部分承担责任

【答案】C

【解析】A选项错误，大型建筑工程或者结构复杂的建筑工程，可以由两个以上的承包单位联合共同承包。B选项错误，两个以上不同资质等级的单位实行联合共同承包的，应当按照资质等级低的单位的业务许可范围承揽工程。D选项错误，联合体各方应当共同与招标人签订合同，就中标项目向招标人承担连带责任。

4.关于工程分包的说法，正确的是（　　）。

A.分包单位应当具有相应的资质条件　　B.中标人可以将中标项目肢解后分别向他人分包

C.专业分包工程可以再次分包　　D.分包单位就分包工程承担按份责任

【答案】A

【解析】B选项错误，中标人不得向他人转让中标项目，也"不得"将中标项目肢解后分别向他人分包。C选项错误，专业分包工程承包人和劳务作业承包人都必须"自行"完成所承包的任务。D选项错误，总承包单位和分包单位就分包工程对建设单位承担"连带责任"。

5.根据《建设工程质量管理条例》，属于违法分包的情形有（　　）。

A.总承包单位将建设工程分包给不具备相应资质条件的单位的

B.将主体结构的劳务作业分包给具有相应资质的劳务分包企业的

C.建设工程总承包合同中未有约定，又未经建设单位认可，承包单位将其承包的部分建设工程交由其他单位完成的

D.施工总承包单位将建设工程主体结构的施工分包给其他单位的

E.建设单位将建筑工程项目分解成若干标段进行招标的

【答案】ACD

【解析】A、C、D选项正确，违法分包的情形：（1）承包单位将其承包的工程分包给个人的；（2）施工总承包单位或专业承包单位将工程分包给不具备相应资质条件的单位的；（3）施工总承包单位将施工总承包合同范围内工程主体结构的施工分包给其他单位的，钢结构工程除外；（4）专业分包单位将其承包的专业工程中非劳务作业部分再分包的；（5）专业作业承包人将其承包的劳务再分包的；（6）专业作业承包人除计取劳务作业费用外，还计取主要建筑材料款和大中型施工机械设备、主要周转材料费用的。B选项属于合法行为。E选项属于肢解发包。

考点26　建设工程法定招标的范围、招标方式和交易场所★★

1.根据《必须招标的工程项目规定》，下列必须招标的项目范围中达到必须招标的规模标准的是（　　）。

A.设计采购单项合同估算价为150万元　　B.施工单项合同估算价为300万元

C.材料采购单项合同估算价为150万元　　D.监理采购单项合同估算价为50万元

【答案】A

【解析】B选项错误，施工单项合同估算价在400万元以上必须招标。C选项错误，重要设备、材料等货物的采购，单项合同估算价在200万元以上必须招标。D选项错误，勘察、设计、监理等服务的采购，单项合同估算价在100万元以上必须招标。

2.下列建设工程项目中，属于依法必须进行招标项目的是（　　）。

A.使用预算资金100万元，并且该资金占投资额10%以上的项目

B.使用国有企业资金100万元，并且该资金占投资额10%以下的项目

C.使用预算资金300万元，并且该资金占投资额10%以上的项目

D.使用国有事业单位资金300万元，并且该资金占投资额10%以下的项目

【答案】C

【解析】A选项错误，应该是使用预算资金200万元，并且该资金占投资额10%以上的项目。B、D选项错误，使用国有企业事业单位资金，并且该资金占控股或者主导地位的项目才必须进行招标。

3.对于应当招标的工程建设项目，经批准可以不采用招标发包的情形有（　　）。

A.采用招标方式的费用占项目合同金额的比例过大

B.施工主要技术采用不可替代的专利或专有技术

C.当地投标企业较少

D.国家建设项目

【答案】B

【解析】A选项错误，采用公开招标方式的费用占项目合同金额的比例过大是邀请招标的情形。B选项正确，需要采用不可替代的专利或者专有技术是可以不招标的情形。C选项错误，技术复杂、有特殊要求或者受自然环境限制，只有少量潜在投标人可供选择是邀请招标的情形。D选项错误，涉及国家安全、国家秘密、抢险救灾或者利用扶贫资金实行以工代赈、需要使用农民工等特殊情况，不适宜进行招标的项目，按照国家有关规定可以不进行招标。

4.下列施工项目中，属于经批准可以采用邀请招标方式发包的有（　　）工程项目。

A.涉及国家安全、国家秘密的项目而不适宜招标的

B.受自然环境限制，只有少量几家潜在投标人可供选择的

C.技术复杂的

D.采用公开招标方式的费用占项目合同金额比例过大的

E.灾后重建，工期紧的

【答案】BD

【解析】A选项属于可以不招标的情形。B选项正确，项目技术复杂或有特殊要求，或受自然环境限制，只有少量几家潜在投标人可供选择的工程项目可以邀请招标。C选项错误，只说了技术复杂的前提，没有说只有少量几家潜在投标人可供选择的结果。D选项正确，采用公开招标方式的费用占项目合同金额比例过大是邀请招标的情形。E选项属于可以不招标的情形。

考点27 建设工程招标和投标★★★

1.按照国家有关规定需要履行项目审批、核准手续的依法必须进行招标的项目，其（　　）应当报项目审批、核准部门审批、核准。

A.招标文件　　　　　　　　　　　B.招标范围

C.招标方式　　　　　　　　　　　D.招标公告

E.招标组织形式

【答案】BCE

【解析】B、C、E选项正确，按照国家有关规定需要履行项目审批、核准手续的依法必须进行招标的项目，其招标范围、招标方式、招标组织形式应当报项目审批、核准部门审批、核准。

2.建设工程招标中，资格预审文件或招标文件的发售期不得少于（　　）日。

A.3　　　　　　B.5　　　　　　C.6　　　　　　D.9

【答案】B

【解析】B选项正确，招标人应当按照资格预审公告、招标公告或者投标邀请书规定的时间、地点发售资格预审文件或者招标文件。资格预审文件或者招标文件的发售期不得少于5日。

3.依法必须进行招标的项目，自招标文件开始发出之日起至投标人提交投标文件截止之日止，最短不得少于（　　）日。

A.30　　　　　　B.25　　　　　　C.20　　　　　　D.15

【答案】C

【解析】C选项正确，依法必须进行招标的项目，自招标文件开始发出之日起至投标人提交投标文件截止之日止，最短不得少于20日。

4.根据《招标投标法实施条例》，关于投标保证金的说法，正确的有（　　）。

A.投标保证金有效期应当与投标有效期一致

B.投标保证金不得超过招标项目估算价的2%

C.两阶段招标中要求提交投标保证金的，应当在第一阶段提出

D.招标人应当在中标通知书发出后5日内退还中标人的投标保证金

E.未中标的投标人的投标保证金及银行同期存款利息，招标人最迟应当在书面合同签订后5日内退还

【答案】ABE

【解析】C选项错误，两阶段招标中要求提交投标保证金的，应当在第二阶段提出。D选项错误，招标人最迟应当在书面合同签订后5日内向中标人和未中标的投标人退还投标保证金及银行同期存款利息。

5.关于两阶段招标的说法，正确的是（　　）。

A.对技术复杂或者无法精确拟定技术规格的项目，招标人必须分两阶段进行招标

B.第二阶段，投标人按照招标文件的要求提交包括最终技术方案和投标报价的投标文件

C.第一阶段，投标人按照招标公告或投标邀请书的要求提交带报价的技术建议

D.招标人要求投标人提交投标保证金的，应当在第一阶段提出

【答案】B

【解析】A选项错误，对技术复杂或者无法精确拟定技术规格的项目，招标人可以分两阶段进行招标。C选项错误，第一阶段，投标人按照招标公告或者投标邀请书的要求提交不带报价的技术建议。D选项错误，实行两阶段招标的，招标人要求投标人提交投标保证金的，应当在第二阶段提出。

6.招标人的下列行为中，属于以不合理条件限制、排斥潜在投标人或者投标人的是（   ）。

A.拒收未通过资格预审的投标人提交的投标文件

B.设定与合同履行有关的资格条件

C.依法必须进行招标的项目非法限定潜在投标人或者投标人的所有制形式

D.以企业获得的业绩、奖项作为加分条件

【答案】C

【解析】A选项错误，拒收未通过资格预审的投标人提交的投标文件是正确做法。B选项错误，设定有关的条件是可以的，设定不相适应或者与合同履行无关的条件才是限制、排斥。D选项错误，如果是限定了特定行政区域或者特定行业的才是限制、排斥。

7.关于投标的说法，正确的是（   ）。

A.投标人参加依法必须进行招标的项目的投标，应当受地区或者部门的限制

B.存在控股、管理关系的不同单位，可以参加未划分标段的同一招标项目的投标

C.单位负责人为同一人的不同单位参与同一标段投标，相关投标均无效

D.投标人发生合并、分立、破产等重大变化的，其投标直接无效

【答案】C

【解析】A选项错误，依法必须进行招标的项目，其招标投标活动不受地区或者部门的限制。B选项错误，单位负责人为同一人或者存在控股、管理关系的不同单位，不得参加同一标段投标或者未划分标段的同一招标项目投标。D选项错误，投标人发生合并、分立、破产等重大变化的，应当及时书面告知招标人，投标人不再具备资格预审文件、招标文件规定的资格条件或者其投标影响招标公正性的，其投标无效。

8.关于投标文件的送达和接收的说法，正确的是（   ）。

A.投标文件逾期送达的，可以推迟开标

B.未按招标文件要求密封的投标文件，招标人不得拒收

C.招标人签收投标文件后，特殊情况下，经批准可以在开标前开启投标文件

D.招标文件可以在法定拒收情形外另行规定投标文件的拒收情形

【答案】D

【解析】A选项错误，开标时间不能推迟，逾期送达的应当拒收。B选项错误，未按照招标文件要求密封的投标文件，招标人应当拒收。C选项错误，招标人收到投标文件后，应当签收保存，不得开启。

9.在建设工程的投标中,关于联合体投标的描述,正确的有( )。

A.联合体各方在同一目标项目中,既可以联合体名义投标,又可以自己名义投标

B.两个以上的个人可以组建联合体

C.招标人可以强制投标人组成联合体

D.在资格预审前,联合体可以增加成员

【答案】D

【解析】A选项错误,联合体各方在同一招标项目中以自己名义单独投标或者参加其他联合体投标的,相关投标均无效。B选项错误,两个以上法人或者其他组织可以组成一个联合体,以一个投标人的身份共同投标。C选项错误,招标人不得强制投标人组成联合体共同投标,不得限制投标人之间的竞争。

10.下列情形中,视为投标人相互串通投标的有( )。

A.不同投标人的投标文件由同一单位或者个人编制

B.属于同一集团的投标人按照该组织要求协同投标

C.不同投标人的投标保证金从同一金融机构转出

D.不同投标人的投标文件载明的项目管理成员为同一人

E.不同投标人的投标文件异常一致或者投标报价呈规律性差异

【答案】ADE

【解析】A、D、E选项正确,有下列情形之一的,视为投标人相互串通投标:(1)不同投标人的投标文件由同一单位或者个人编制;(2)不同投标人委托同一单位或者个人办理投标事宜;(3)不同投标人的投标文件载明的项目管理成员为同一人;(4)不同投标人的投标文件异常一致或者投标报价呈规律性差异;(5)不同投标人的投标文件相互混装;(6)不同投标人的投标保证金从同一单位或者个人的账户转出。C选项对应(6),但要求是"同一单位或个人",从同一金融机构转出是正常的。B选项属于串通投标的情形,不是"视为"投标人相互串通的情形。

考点28 建设工程开标、评标和中标★★★

1.关于开标的说法中正确的是( )。

A.投标文件经确认无误后,由招标监管部门人员当众拆封

B.开标时只能由投标人或其推选的代表检查投标文件的密封情况

C.开标过程应当及时向社会公布

D.开标地点应当为招标文件中预先确定的地点

【答案】D

【解析】A选项错误,应当是经确认无误后,由"工作人员"当众拆封。B选项错误,可以由投标人或者其推选的代表检查投标文件的密封情况,也可以由招标人委托的公证机构检查并公证。C选项错误,开标过

程应当记录，并存档备查，因此可以推断没有要求公开。

2.根据《招标投标法》的规定，评标由招标人依法组建的评标委员会负责。关于评标活动，下列说法中正确的有（　　）。

A.评标委员会成员名单在开标时公布

B.招标文件没有规定的评标标准和方法不得作为评标的依据

C.评标委员会发现联合体投标没有共同投标协议的，可以要求牵头人进行书面澄清、说明

D.评标委员会不得暗示或者诱导投标人作出澄清、说明

E.评标委员会成员应当为5人以上的单数，专家不少于成员总数的1/3

【答案】BD

【解析】A选项错误，评标委员会成员的名单在中标结果确定前应当保密。C选项错误，没有联合体共同投标协议的应否决其投标。E选项错误，专家不少于成员总数的2/3。

3.在下列情形中，评标委员会应当否决投标的有（　　）。

A.投标联合体没有提交共同投标协议的

B.投标报价高于招标文件设定的最高投标限价的

C.投标文件未经投标单位盖章和单位负责人签字的

D.投标报价超过标底上下浮动范围的

E.投标人按照招标文件要求提交备选投标的

【答案】ABC

【解析】D选项错误，标底只能作为评标的参考，不得以投标报价是否接近标底作为中标条件，也不得以投标报价超过标底上下浮动范围作为否决投标的条件，所以超过标底上下浮动范围是没问题的，主要看有没有高于最高投标限价或低于企业个别成本。E选项错误，同一投标人提交两个以上不同的投标文件或者投标报价的，评标委员会应当否决其投标，但招标文件要求提交备选投标的除外，所以按照要求提交是可以的。

4.关于中标的法定要求，以下说法中正确的是（　　）。

A.投标人或者其他利害关系人对依法必须进行招标的项目的评标结果有异议的应当在评标期间提出

B.在确定中标人前，招标人可以与投标人就投标价格、投标方案等实质性内容进行谈判

C.招标人不得授权评标委员会直接确定中标人

D.招标人根据评标委员会提出的书面评标报告和推荐的中标候选人确定中标人

【答案】D

【解析】A选项错误，应当在中标候选人公示期间提出。B选项错误，招标人不得与投标人就投标价格、投标方案等实质性内容进行谈判。C选项错误，招标人可以授权评标委员会直接确定中标人。

5.对于国有资金占控股或者主导地位的依法必须进行招标的项目，下列关于确定中标人的说法中正确的是（　　）。

A.排名第一的中标候选人放弃中标的，招标人可以按照评标委员会提出的中标候选人名单自主确定其

他中标候选人为中标人

B.排名第一的中标候选人放弃中标的，招标人应当重新评标

C.排名第一的中标候选人放弃中标的，招标人应当重新招标

D.招标人应当确定排名第一的中标候选人为中标人，也可以重新招标

【答案】D

【解析】D选项正确，国有资金占控股或者主导地位的依法必须进行招标的项目，招标人应当确定排名第一的中标候选人为中标人。排名第一的中标候选人放弃中标、因不可抗力不能履行合同、不按照招标文件要求提交履约保证金，或者被查实存在影响中标结果的违法行为等情形，不符合中标条件的，招标人可以按照评标委员会提出的中标候选人名单排序依次确定其他中标候选人。

考点29　招标投标异议、投诉处理★★

1.关于对招标文件有异议的说法中正确的是（　　）。

A.招标人作出答复前，应当暂停招标投标活动

B.应当在投标截止时间15日前提出

C.招标人应当自收到异议之日起5日内作出答复

D.应当直接向有关行政监督部门投诉

【答案】A

【解析】B选项错误，潜在投标人或者其他利害关系人对招标文件有异议的，应当在投标截止时间10日前提出。C选项错误，招标人应当自收到异议之日起3日内作出答复。D选项错误，对资格预审文件、招标文件、开标以及对依法必须进行招标项目的评标结果有异议的，应当依法先向招标人提出异议，其异议答复期间不计算在以上规定的期限内。

2.关于行政监督部门处理招标投标活动投诉的说法中正确的是（　　）。

A.投诉人就同一事项向两个以上有权受理的行政监督部门投诉的，由上一级行政监督部门指定一个部门负责处理

B.行政监督部门不得责令暂停招标投标活动

C.行政监督部门处理投诉，有权查阅、复制有关文件资料

D.行政监督部门应当自受理投诉之日起15个工作日内作出书面处理决定

【答案】C

【解析】A选项错误，投诉人就同一事项向两个以上有权受理的行政监督部门投诉的，由最先收到投诉的行政监督部门负责处理。B选项错误，必要时，行政监督部门可以责令暂停招标投标活动。D选项错误，行政监督部门应当自收到投诉之日起3个工作日内决定是否受理投诉，并自受理投诉之日起30个工作日内作出书面处理决定。

3.关于招标投标投诉及其处理的说法,正确的有(   )。

A.投诉人就同一事项向两个以上有权受理的行政监督部门投诉的,由收到投诉的部门组成调查组负责处理

B.行政监督部门应当自收到投诉之日起3个工作日内决定是否受理投诉,并自受理投诉之日起30个工作日内作出书面处理决定

C.为了保证招标投标活动的秩序,调查期间行政监督部门不得要求暂停招标投标活动

D.行政监督部门在调查过程中需要检验、检测、鉴定、专家评审的,所需时间不计算在内

E.行政监督部门的工作人员对监督检查过程中知悉的国家秘密、商业秘密,应当依法予以保密

【答案】BDE

【解析】A选项错误,投诉人就同一事项向两个以上有权受理的行政监督部门投诉的,由最先收到投诉的行政监督部门负责处理。C选项错误,必要时,行政监督部门可以责令暂停招标投标活动。

考点30　竞争性谈判★★

1.竞争性谈判主要适用于不能或者不宜采用招标方式的采购项目,具体为(   )。

A.技术复杂,不能确定详细规格或者具体要求的

B.采用招标所需时间不能满足用户紧急需要的

C.不能事先计算出价格总额的

D.招标后没有供应商投标的

E.采购的货物规格、标准统一,现货货源充足且价格变化幅度小的

【答案】ABCD

【解析】A、B、C、D选项正确,公开招标应作为政府采购的主要采购方式,竞争性谈判主要适用于不能或者不宜采用招标方式的采购项目,具体为:(1)招标后没有供应商投标或者没有合格标的或者重新招标未能成立的;(2)技术复杂或者性质特殊,不能确定详细规格或者具体要求的;(3)采用招标所需时间不能满足用户紧急需要的;(4)不能事先计算出价格总额的。

2.竞争性谈判的谈判小组由采购人的代表和有关专家共(   )人以上的单数组成。

A.1　　　　　　B.3　　　　　　C.5　　　　　　D.7

【答案】B

【解析】B选项正确,竞争性谈判的谈判小组由采购人的代表和有关专家共3人以上的单数组成,其中专家的人数不得少于成员总数的三分之二。

3.根据《政府采购竞争性磋商采购方式管理暂行办法》,政府采购可以采用竞争性磋商方式开展采购的情形有(   )。

A.市场竞争不充分的科研项目,以及需要扶持的科技成果转化项目

B.按照招标投标法及其实施条例必须进行招标的工程建设项目以外的工程建设项目

C.政府购买服务项目

D.因艺术品采购、专利、专有技术或者服务的时间、数量事先不能确定等原因不能事先计算出价格总额的

E.招标后没有合格标的

【答案】ABCD

【解析】A、B、C、D选项正确，符合下列情形的项目，可以采用竞争性磋商方式开展采购：（1）政府购买服务项目；（2）技术复杂或者性质特殊，不能确定详细规格或者具体要求的；（3）因艺术品采购、专利、专有技术或者服务的时间、数量事先不能确定等原因不能事先计算出价格总额的；（4）市场竞争不充分的科研项目，以及需要扶持的科技成果转化项目；（5）按照招标投标法及其实施条例必须进行招标的工程建设项目以外的工程建设项目。

考点31 框架协议采购★★

1.通过公开竞争订立框架协议后，除经过框架协议约定的补充征集程序外，不得增加协议供应商的框架协议采购属于（ ）。

A.封闭式框架协议采购　　　　B.开放式框架协议采购

C.单一来源采购　　　　　　　D.竞争性谈判

【答案】A

【解析】A选项正确，封闭式框架协议采购，是指通过公开竞争订立框架协议后，除经过框架协议约定的补充征集程序外，不得增加协议供应商的框架协议采购。

2.货物项目框架协议有效期一般不超过（ ）年。

A.1　　　　　B.2　　　　　C.3　　　　　D.4

【答案】A

【解析】A选项正确，集中采购机构或者主管预算单位应当根据工作需要和采购标的市场供应及价格变化情况，科学合理确定框架协议期限。货物项目框架协议有效期一般不超过1年，服务项目框架协议有效期一般不超过2年。

3.入围供应商有（ ）情形之一，可以解除与其签订的框架协议。

A.无正当理由拒不接受合同授予的

B.框架协议有效期内，因违法行为被禁止或限制参加政府采购活动的

C.框架协议有效期内，参加政府的其他采购活动的

D.恶意串通谋取入围或者合同成交的

E.提供虚假材料谋取入围或者合同成交的

【答案】 ABDE

【解析】 A、B、D、E 选项正确,封闭式框架协议入围供应商无正当理由,不得主动放弃入围资格或者退出框架协议。开放式框架协议入围供应商可以随时申请退出框架协议。集中采购机构或者主管预算单位,入围供应商有下列情形之一,尚未签订框架协议的,取消其入围资格;已经签订框架协议的,解除与其签订的框架协议:(1)恶意串通谋取入围或者合同成交的;(2)提供虚假材料谋取入围或者合同成交的;(3)无正当理由拒不接受合同授予的;(4)不履行合同义务或者履行合同义务不符合约定,经采购人请求履行后仍不履行或者仍未按约定履行的;(5)框架协议有效期内,因违法行为被禁止或限制参加政府采购活动的;(6)框架协议约定的其他情形。

专题五　建设工程合同法律制度

导图框架

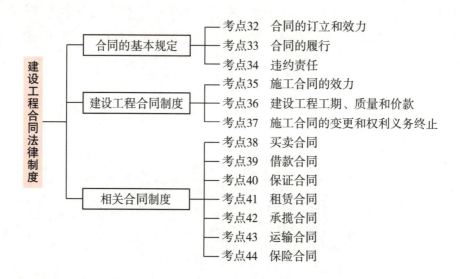

专题雷达图

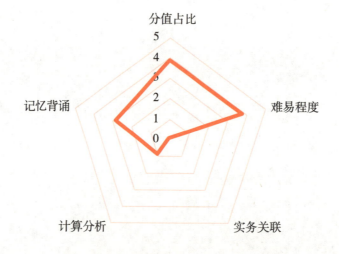

分值占比：本专题在法规考试中分值占比适中，预计15分左右。

难易程度：本专题考点较多，相互之间关联性强，且与其他章节有联系，学习难度较高。

实务关联：本专题与实务考试无相关联的考点。

计算分析：本专题在违约金和定金相关知识点处可能会考查计算题。

记忆背诵：本专题的学习应注重理论联系实际，以理解为主，能对相关法条作出辨析。

考点练习

考点32 合同的订立和效力★★★

1.2017年3月1日,甲施工企业向乙钢材商发出采购单购买一批钢材,要求乙在3月5日前承诺。3月1日,乙收到甲的采购单,3月2日,甲再次发函至乙取消本次采购。乙收到两份函件后,3月4日,乙发函表示同意履行3月1日的采购单。关于该案的说法,正确的是（　　）。

A.甲3月2日的行为属于要约的撤回　　B.乙3月4日的行为属于新要约

C.甲的要约已经撤销　　D.甲、乙之间买卖合同成立

【答案】D

【解析】D选项正确,要约人确定了承诺期限的要约不得撤销,因此3月2日甲发函表示取消这个行为是无效的,因此乙在规定期限内作出承诺会导致合同成立。A选项错误,甲这个行为属于撤销。B选项错误,乙这个行为属于承诺。C选项错误,因为限定了承诺的期限,所以导致要约不得撤销。

2.某施工企业向某玻璃厂发出购买玻璃的要约,要求玻璃厂5月20日之前确认,玻璃厂5月25日答复同意。玻璃厂同意的行为应视为（　　）。

A.要约邀请　　B.承诺　　C.承诺意向　　D.新要约

【答案】D

【解析】D选项正确,要约人如果在要约中定有存续期间,受要约人必须在此期间内承诺。过期后所作出的承诺属于新要约。

3.甲公司向乙公司购买了一批钢材,双方约定采用合同书的方式订立合同,由于施工进度紧张,在甲公司的催促之下,双方在未签字盖章之前,乙公司将钢材送到了甲公司,甲公司接受并投入工程使用。甲、乙公司之间的买卖合同（　　）。

A.无效　　B.成立　　C.可变更　　D.可撤销

【答案】B

【解析】B选项正确,当事人采用合同书形式订立合同的,自当事人均签名、盖章或者按指印时合同成立。在签名、盖章或者按指印之前,当事人一方已经履行主要义务,对方接受时,该合同成立。

4.下列施工合同中属于可撤销合同的有（　　）。

A.施工合同订立时,工程款支付条款显失公平的

B.另行签订的与备案中标合同的实质性内容不一致的

C.承包人对合同的价款有重大误解的

D.发包人胁迫承包人签订的

E.承包人将部分工程违法分包的

53

【答案】ACD

【解析】A选项正确，显失公平的合同可撤销。B选项错误，与备案中标合同的实质性内容不一致为阴阳合同，这是违反法律法规的，所以这种合同无效。C选项正确，基于重大误解订立的合同可撤销。D选项正确，以胁迫手段订立的合同可撤销。E选项错误，违法分包合同无效。

5.关于可撤销合同中撤销权行使的说法中正确的是（　　）。

A.受胁迫的当事人应当自胁迫行为终止之日起6个月内行使撤销权

B.当事人不得放弃撤销权

C.重大误解的当事人应当自知道或者应当知道撤销事由之日起90日内行使撤销权

D.当事人自民事法律行为发生之日起3年内没有行使撤销权的，撤销权消灭

【答案】C

【解析】A选项错误，当事人受胁迫，自胁迫行为终止之日起1年内行使撤销权。B选项错误，撤销权可以放弃。D选项错误，当事人自民事法律行为发生之日起5年内没有行使撤销权的，撤销权消灭。

6.关于效力待定合同的说法中正确的是（　　）。

A.善意相对人对合同有追认权

B.权利人有撤销的权利

C.撤销应当向人民法院或仲裁机构申请

D.限制民事行为能力人签订的纯获利益的合同，无须追认

【答案】D

【解析】A选项错误，B选项错误，合同被追认前，善意相对人有撤销的权利。C选项错误，撤销应当以通知的方式作出，不需要向人民法院或仲裁机构申请。

考点33　合同的履行★

1.根据《民法典》，对于建设工程施工合同对工程质量要求约定不明确的，首选的解决方式是（　　）。

A.按照符合合同目的的特定标准履行　　B.按照合同相关条款确定

C.按照当事人协议补充确定　　D.按照交易习惯确定

【答案】C

【解析】C选项正确，合同生效后，当事人就质量、价款或者报酬、履行地点等内容没有约定或者约定不明确的，可以协议补充；不能达成补充协议的，按照合同相关条款或者交易习惯确定。

2.建设工程施工合同签订后，发包人将合同外的园区市政附属工程委托承包人施工，对此价款未作约定，后无法协商一致，则工程价款可以参照（　　）建设主管部门发布的计价方法和计价标准结算。

A.订立合同时合同签订地　　B.订立合同时工程所在地

C.履行合同时合同签订地　　D.履行合同时工程所在地

【答案】B

【解析】B选项正确，因设计变更导致建设工程的工程量或质量标准发生变化，当事人该部分工程价款不能协商一致的，可以按照订立合同时履行地的市场价格履行（工程所在地就是合同履行地）；依法应当执行政府定价或者政府指导价的，依照规定履行。

3.应当先履行债务的当事人，有确切证据证明对方有下列（　　）情形，可以中止履行。

A.经营状况不良的

B.转移财产，以逃避债务的

C.企业注册商标未能在续展期内提出续展申请的

D.发生工伤住院的

【答案】B

【解析】B选项正确，应当先履行债务的当事人，有确切证据证明对方有下列情形之一的，可以中止履行：（1）经营状况严重恶化；（2）转移财产、抽逃资金，以逃避债务（对应B选项）；（3）丧失商业信誉；（4）有丧失或者可能丧失履行债务能力的其他情形。当事人没有确切证据中止履行的，应当承担违约责任。A选项错误，要严重恶化才可以。C选项错误，此情形不会影响企业商誉，不会导致中止履行。D选项错误，此情形不会导致当事人丧失或者可能丧失履行债务能力。

考点34　违约责任★★

1.对于合同中未约定任何违约责任的承担方式，当事人承担违约责任的形式有（　　）。

A.赔礼道歉　　　　　　　　B.支付违约金

C.赔偿损失　　　　　　　　D.采取补救措施

E.定金

【答案】CD

【解析】C、D选项正确，承担违约责任的种类主要有：继续履行、采取补救措施、停止违约行为、赔偿损失、支付违约金或定金等。其中，支付违约金、定金是约定的违约责任的承担方式。A选项错误，这属于民事责任的承担方式。B、E选项错误，这两种方式需要约定，但题干中说了没有约定，所以不能选。

2.关于违约金的说法，正确的是（　　）。

A.约定的违约金过分高于造成的损失的，人民法院或者仲裁机构不得予以减少

B.约定的违约金低于造成的损失的，人民法院或者仲裁机构可以根据当事人的请求予以增加

C.一方违约，当事人要求支付违约金的，不得再要求继续履行

D.一方违约，当事人要求解除合同的，不得再要求支付违约金

【答案】B

【解析】A选项错误，约定的违约金过分高于造成的损失的，人民法院或者仲裁机构可以根据当事人的

请求予以适当减少。C选项错误，继续履行可以与违约金、定金、赔偿损失并用，但不能与解除合同的方式并用。D选项错误，解除合同是可以要求违约金的，所谓违约金责任是指一方违约后，适用的以支付违约金为内容的民事责任。

3.关于定金的说法，正确的是（　　）。

A.定金合同自当事人均签名、盖章或者按指印时成立

B.定金数额超过主合同标的额的20%的，定金无效

C.当事人既约定违约金，又约定定金的，一方违约时，非违约方应当适用违约金条款

D.实际交付的定金数额多于或者少于约定数额的，视为变更约定的定金数额

【答案】D

【解析】A选项错误，定金合同自实际交付定金时成立。B选项错误，定金的数额由当事人约定，但不得超过主合同标的额的20%，超过部分不产生定金的效力。C选项错误，当事人既约定违约金，又约定定金的，一方违约时，对方可以选择适用违约金或者定金条款。

4.甲与乙订立了一份材料购销合同，约定甲向乙交付相应的材料，货款为80万元，乙向甲支付定金4万元；同时约定任何一方不履行合同应支付违约金6万元。合同到期后，甲无法向乙交付材料，乙为了最大限度保护自己的利益，应该请求（　　）。

A.甲双倍返还定金8万元

B.甲双倍返还定金8万元，同时请求甲支付违约金6万元

C.甲支付违约金6万元，同时请求甲返还支付的定金4万元

D.甲支付违约金6万元

【答案】C

【解析】C选项正确，当双方既约定违约金又约定了定金时，如果一方当事人违约，则对方可以选择使用违约金或定金的条款，也就是说这两种方式只能选择一种。本题从乙方保护自己最大利益的角度出发，应该选择对方支付费用多的方式，也就是违约金6万元，至于定金4万元应该由甲方返还，因为这本来就是乙方的费用。

5.关于违约责任免除的说法中正确的是（　　）。

A.合同中约定造成对方人身损害的免责条款有效

B.发生不可抗力后，必然导致全部责任的免除

C.迟延履行后发生不可抗力的，不免除责任

D.因不可抗力不能履行合同，不用通知对方

【答案】C

【解析】A选项错误，合同中约定造成对方人身损害的免责条款无效。B选项错误，当事人一方因不可抗力不能履行合同的，根据不可抗力的影响，部分或者全部免除责任，但法律另有规定的除外。D选项错误，因不可抗力不能履行合同的，应当及时通知对方。

考点35　施工合同的效力★★

1.建设工程合同应当采用（　　）形式。

A.口头　　　　　　B.书面　　　　　　C.邮件　　　　　　D.其他

【答案】B

【解析】B选项正确，建设工程合同应当采用书面形式。

2.以下施工合同中属于无效合同的有（　　）。

A.与无相应资质的施工单位签订的合同

B.当事人对合同内容有重大误解的

C.合同一方受胁迫签订的合同

D.发包人要求承包人垫资施工的合同

E.依法应进行招标而未招标，直接与承包人签订的合同

【答案】AE

【解析】B、C选项属于可撤销合同。D选项错误，垫资不一定属于无效合同，但政府投资项目所需资金应当按照国家有关规定确保落实到位，不得由施工单位垫资建设，这种情况下才会因为违反法律法规导致合同无效。

3.关于无效施工合同工程款结算的说法中正确的是（　　）。

A.建设工程经验收合格的，发包人应当按照合同约定进行工程款结算

B.建设工程验收不合格，修复后的建设工程经验收仍不合格的，发包人可以在结算中大幅度减少结算金额

C.建设工程验收不合格，修复后的建设工程经验收合格的，维修费用应当由发包人与承包人共同承担

D.建设工程经验收合格的，发包人可以参照合同关于工程价款的约定折价补偿承包人

【答案】D

【解析】A选项错误，建设工程施工合同无效，但是建设工程经验收合格的，可以参照合同关于工程价款的约定折价补偿承包人。B选项错误，建设工程验收不合格，修复后的建设工程经验收仍不合格的，承包人无权请求参照合同关于工程价款的约定折价补偿。C选项错误，建设工程验收不合格，修复后的建设工程经验收合格的，发包人可以请求承包人承担修复费用。

考点36　建设工程工期、质量和价款★★★

1.当事人对建设工程开工日期有争议的，关于人民法院对开工日期认定的说法，正确的有（　　）。

A.开工日期为发包人或者监理人发出的开工通知载明的开工日期

B.因承包人原因导致开工时间推迟的，以开工条件具备的时间为开工日期

C.开工通知发出后，尚不具备开工条件的，以开工条件具备的时间为开工日期

D.开工通知发出前，承包人经发包人同意已经实际进场施工的，以实际进场施工时间为开工日期

E.发包人或者监理人未发出开工通知，亦无相关证据证明实际开工日期的，以施工许可证载明时间为开工日期

【答案】ACD

【解析】B选项错误，因承包人原因导致开工时间推迟的，以开工通知载明的时间为开工日期。E选项错误，发包人或者监理人未发出开工通知，亦无相关证据证明实际开工日期的，应当综合考虑开工报告、合同、施工许可证、竣工验收报告或者竣工验收备案表等载明的时间，并结合是否具备开工条件的事实，认定开工日期。

2.当事人对建设工程实际竣工日期有争议的，关于人民法院认定竣工日期的说法中正确的是（　　）。

A.承包人已经提交竣工验收报告，发包人拖延验收的，以承包人提交竣工验收报告之日为竣工日期

B.建设工程经竣工验收合格的，以承包人提交竣工验收报告之日为竣工日期

C.建设工程未经竣工验收，承包人向发包人交付工程，发包人拒绝接收的，以承包人申请交付之日为竣工日期

D.建设工程未经竣工验收，发包人通知承包人交付工程，并实际占有使用工程，以发包人通知到达之日为竣工日期

【答案】A

【解析】B选项错误，应以竣工验收合格之日为竣工日期。C选项错误，承包人已经提交竣工验收报告，发包人拖延验收的，以承包人提交验收报告之日为竣工日期。D选项错误，建设工程未经竣工验收，发包人擅自使用的，以转移占有建设工程之日为竣工日期。

3.在发包人的下列行为中，造成建设工程质量缺陷，应承担过错责任的有（　　）。

A.提供的设计有缺陷

B.提供的建筑材料不符合推荐性国家标准

C.指定购买的建筑构配件不符合强制性标准

D.同意总承包人依法选择的分包人分包专业工程

E.直接指定分包人分包专业工程

【答案】ACE

【解析】A、C、E选项正确，发包人具有下列情形之一，造成建设工程质量缺陷，应当承担过错责任：（1）提供的设计有缺陷；（2）提供或者指定购买的建筑材料、建筑构配件、设备不符合强制性标准；（3）直接指定分包人分包专业工程。B选项错误，不符合强制性标准才要承担过错责任。D选项属于正常的分包行为。

4.根据《最高人民法院关于审理建设工程施工合同纠纷案件适用法律问题的解释（一）》，关于工程垫资处理的说法中正确的是（　　）。

A.当事人对垫资有约定的，按照工程欠款处理

B.当事人对垫资没有约定的，按照借款纠纷处理

C.当事人对垫资利息没有约定，承包人请求支付利息的，人民法院不予支持

D.当事人对垫资利息有约定的，人民法院最高支持的垫资利息为同类贷款利率或者同期贷款市场报价利率的4倍

【答案】C

【解析】A选项错误，约定了垫资就按垫资，不能按欠款处理。B选项错误，当事人对垫资没有约定的，按照工程欠款处理。D选项错误，当事人对垫资和垫资利息有约定，承包人请求按照约定返还垫资及其利息的，人民法院应予支持，但是约定的利息计算标准高于垫资时的同类贷款利率或者同期贷款市场报价利率的部分除外。

5.对工程款付款时间没有约定或者约定不明的，视为应付款时间的是（　　）。

A.建设工程未交付，工程款也未结算的，为提交竣工结算文件之日

B.建设工程已经实际交付的，为工程竣工验收合格之日

C.建设工程已经实际交付的，为提交竣工结算文件之日

D.建设工程未交付的，为提交竣工结算文件之日

【答案】D

【解析】D选项正确，当事人对付款时间没有约定或者约定不明的，下列时间视为应付款时间：（1）建设工程已实际交付的，为交付之日；（2）建设工程没有交付的，为提交竣工结算文件之日（对应D选项）；（3）建设工程未交付，工程价款也未结算的，为当事人起诉之日。A选项错误，应为起诉之日。B、C选项错误，应为交付之日。

6.根据《最高人民法院关于审理建设工程施工合同纠纷案件适用法律问题的解释（一）》，关于承包人工程价款优先受偿权的说法，正确的是（　　）。

A.装饰装修工程的承包人无权请求工程价款优先受偿

B.承包人无权就逾期支付建设工程价款的利息主张优先受偿

C.承包人工程价款优先受偿权的期限自建设工程竣工验收合格之日起算

D.发包人与承包人之间放弃建设工程价款优先受偿权的约定无效

【答案】B

【解析】A选项错误，装饰装修工程的承包人请求工程价款就该装饰装修工程折价或者拍卖的价款优先受偿的，人民法院应予支持。C选项错误，承包人应当在合理期限内行使建设工程价款优先受偿权，但最长不得超过18个月，自发包人应当给付建设工程价款之日起算。D选项错误，发包人与承包人约定放弃或者限制建设工程价款优先受偿权，损害建筑工人利益，发包人根据该约定主张承包人不享有建设工程价款优先受偿权的，人民法院不予支持，该选项的表述不确定是否侵害工人利益，不能一概而论直接无效。

考点37　施工合同的变更和权利义务终止 ★

1.关于施工合同变更的说法中正确的是（　　）。

A.施工合同变更应当办理批准、登记手续

B.工程变更必将导致施工合同条款变更

C.施工合同非实质性条款的变更无须双方当事人协商一致

D.当事人对施工合同变更内容约定不明确的，推定为未变更

【答案】D

【解析】A选项错误，当事人协商一致，可以变更合同。法律、行政法规规定变更合同应当办理批准、登记等手续的，依照其规定。B选项错误，说法过于绝对，工程变更的形式有很多，不一定会导致合同条款变更。C选项错误，合同的变更须经当事人双方协商一致。

2.2017年8月，乙施工企业向甲建设单位主张支付工程款，甲以施工质量不合格为由拒绝支付，2017年10月15日，乙与丙协商将其50万工程款债权转让给丙公司，同年10月25日，甲接到乙转让债权的通知，关于该债权转让的说法中正确的是（　　）。

A.乙和丙之间的债权转让必须经甲同意

B.甲对乙50万债权的抗辩权不得向丙主张

C.甲拒绝支付50万工程款，丙可以要求甲和乙承担连带责任

D.乙和丙之间的债权转让于2017年10月25日对甲发生效力

【答案】D

【解析】A选项错误，债权人转让权利应当通知债务人，因此不需要甲同意，通知甲即可。B选项错误，债务人接到债权转让通知后，债务人对让与人的抗辩，可以向受让人主张，因此甲对乙50万债权的抗辩权可以向丙主张。C选项错误，当债务人接到权利转让的通知后，权利转让即行生效，原债权人被新的债权人替代，或者新债权人的加入使原债权人不再完全享有原债权，因此丙向甲主张权利。D选项正确，未经通知，该转让对债务人不发生效力，因此10月25日通知，10月25日对甲发生效力。

3.关于施工合同解除的说法中正确的是（　　）。

A.合同约定的期限内承包人没有完工，发包人可以解除合同

B.发包人未按约定支付工程价款，承包人可以解除合同

C.承包人将承包的工程转包，发包人可以解除合同

D.承包人已经完成的建设工程质量不合格，发包人可以解除合同

【答案】C

【解析】A选项错误，合同约定的期限内没有完工，且在发包人催告的合理期限内仍未完工的，发包人可以解除合同。B选项错误，发包人未按约定支付工程价款，承包人先催告。D选项错误，已经完成的建设工程质量不合格，并拒绝修复的，发包人可以解除合同。

考点38　买卖合同★★★

1.甲施工企业向乙机械设备公司购买了机械设备,并签订了买卖合同。合同约定乙将上述设备交由一家运输公司运输,但没有约定毁损风险的承担,则乙的主要义务有(　　)。

A.按合同约定交付机械设备　　　　B.转移机械设备的所有权

C.承担机械设备运输过程中毁损的风险　　D.机械设备的瑕疵担保

E.为机械设备购买运输保险

【答案】ABD

【解析】A、B、D选项正确,买卖合同中出卖人的义务:(1)按照合同约定交付标的物的义务;(2)转移标的物所有权的义务;(3)瑕疵担保义务。C选项错误,对于需要运输的标的物,当事人没有约定交付地点或者约定不明确,出卖人将标的物交付给第一承运人后,标的物毁损、灭失的风险由买受人承担。E选项错误,出卖人的义务不包括买保险。

2.甲施工企业向乙建材公司购买一批水泥,关于该买卖合同中水泥毁损、灭失风险承担的说法,正确的是(　　)。

A.若由于甲自身过错导致水泥交付期推迟一周,则水泥毁损、灭失的风险由甲承担的时间相应推迟

B.若甲拒绝接受水泥或解除合同,则水泥毁损、灭失的风险由乙承担

C.水泥毁损、灭失的风险交付之前由乙承担,交付之后由甲承担

D.若乙出卖的水泥为在途标的物时,则其毁损、灭失的风险自水泥交付完成时起由甲承担

【答案】C

【解析】A选项错误,因买受人的原因致使标的物不能按照约定的期限交付的,买受人应当自违反约定之日起承担标的物毁损、灭失的风险。因此从甲违反约定之日起,甲就承担风险,并不是相应推迟。B选项错误,因标的物质量不符合质量要求,致使不能实现合同目的的,买受人可以拒绝接受标的物或者解除合同。买受人拒绝接受标的物或者解除合同的,标的物毁损、灭失的风险由出卖人承担,B选项缺少前提,即拒绝的原因,因此不正确。D选项错误,出卖人出卖交由承运人运输的在途标的物,除当事人另有约定的以外,毁损、灭失的风险自合同成立时起由买受人承担。

3.下列情形中,应当由出卖人承担标的物毁损、灭失风险的有(　　)。

A.标的物需要运输,当事人对交付地点约定不明确,出卖人将标的物交付给第一承运人后

B.施工企业购买一批安全帽,出卖人尚未交付

C.标的物已抵达交付地点,施工企业因标的物质量不合格而拒收货物

D.合同约定在标的物所在地交货,约定时间已过,施工企业仍未前往提货

E.出卖人在交付标的物时未附产品说明书,施工企业已接收

【答案】BC

【解析】A选项错误,交付地点约定不明确,风险由买受人承担。D选项错误,自违反约定之日起由买

受人承担。E选项错误，出卖人按照约定未交付有关标的物的单证和资料的，不影响标的物毁损、灭失风险的转移，即风险由买受人承担。

考点39　借款合同★★

1.关于借款合同当事人权利义务的说法中正确的是（　　）。

A.贷款人的主要义务是提供借款和不得预扣利息

B.借款人必须提供担保

C.借款人未按照约定的借款用途使用借款的，贷款人应当解除合同

D.当事人约定的借款利率不受限制

【答案】A

【解析】B选项错误，订立借款合同，贷款人可以要求借款人提供担保。C选项错误，借款人未按照约定的借款用途使用借款的，贷款人可以停止发放借款、提前收回借款或者解除合同。D选项错误，出借人请求借款人按照合同约定利率支付利息的，人民法院应予支持，但是双方约定的利率超过合同成立时一年期贷款市场报价利率4倍的除外。

2.关于借款合同的说法中正确的是（　　）。

A.借款合同是实践合同

B.对支付利息的期限没有约定的，借款期间不满1年的，应当在返还借款时一并支付

C.自然人之间的借款合同对支付利息没有约定或约定不明确的，视为支付利息

D.自然人之间的借款合同应当采用书面形式

【答案】B

【解析】A选项错误，借款合同一般是诺成合同，自然人之间的借款合同才会是实践合同。C选项错误，自然人之间的借款合同对支付利息没有约定或者约定不明确的，视为不支付利息。D选项错误，借款合同应当采用书面形式，但是自然人之间借款另有约定的除外。

3.借款合同对支付利息没有约定，出借人主张支付利息的，借款人（　　）。

A.应当按照一年期贷款市场报价利率的4倍支付利息

B.应当按照一年期贷款市场报价利率支付利息

C.有权不支付利息

D.应当按照当事人的交易方式、交易习惯、市场报价利率等因素支付利息

【答案】C

【解析】A选项错误，借贷双方约定的利率不得超过合同成立时一年期贷款市场报价利率的4倍，这是约定利息的上限。B、D选项错误，借款合同对支付利息没有约定的，视为没有利息。

考点40　保证合同★★★

1.关于保证合同的说法中正确的是（　　）。

A.保证合同是主债权债务合同的从合同　　B.保证合同只能是有偿合同

C.保证合同的双方当事人是保证人与债务人　　D.保证合同的责任方式为连带责任保证

【答案】A

【解析】B选项错误，保证合同可以是有偿合同，也可以是无偿合同。C选项错误，保证合同是为保障债权的实现，保证人和债权人约定，当债务人不履行到期债务或者发生当事人约定的情形时，保证人履行债务或者承担责任的合同，因此当事人是保证人和债权人。D选项错误，保证的方式有两种：（1）一般保证；（2）连带责任保证。

2.在工程担保中，下列单位可作为保证人的有（　　）。

A.以公益为目的的非法人组织　　B.某商业银行

C.某私立建筑大学　　D.某担保公司

E.某市人民政府

【答案】BCD

【解析】A选项错误，以公益为目的的非营利法人、非法人组织不得为保证人。E选项错误，机关法人不得为保证人，但是经国务院批准为使用外国政府或者国际经济组织贷款进行转贷的除外。

3.甲乙双方签订买卖合同，丙为乙的债务提供保证，但担保合同未约定担保方式及保证期间。关于该保证合同的说法中正确的有（　　）。

A.保证期间与买卖合同的诉讼时效相同

B.丙的保证方式为一般保证

C.保证期间为主债务履行期届满之日起12个月内

D.甲在保证期内未经丙书面同意将主债权转让给丁，丙不再承担保证责任

E.甲在保证期间未要求丙承担保证责任，则丙免除保证责任

【答案】BE

【解析】A选项错误，保证期间在保证合同中应明确约定，没有约定或者约定不明确的，保证期间为主债务履行期限届满之日起6个月，而诉讼时效为3年，所以保证期间与买卖合同的诉讼时效不同。C选项错误，保证期间在保证合同中应明确约定，没有约定或者约定不明确的，保证期间为主债务履行期限届满之日起6个月。D选项错误，债权人转让债权不需要担保人书面同意，通知到即可，若未通知则按原保证责任承担。

4.对于保证合同当事人没有约定的，保证担保范围有（　　）。

A.损害赔偿金　　B.违约金

C.主债权的利息　　D.履行债务的费用

E.主债务

【答案】ABC

【解析】A、B、C选项正确，当事人应当在保证合同中予以明确约定，当事人没有约定的，保证的范围包括主债权及其利息、违约金、损害赔偿金和实现债权的费用。D选项错误，是实现债权的费用，不是履行债务的费用。E选项错误，保证合同是保证人和债权人签的，范围包括的是主债权及利息，不能说是主债务。

考点41 租赁合同★★

1.关于租赁合同的特征中说法正确的是（　　）。

A.租赁合同是转移财产所有权的合同　　B.租赁合同是单务合同

C.租赁合同是实践合同　　D.租赁合同具有期限性和持续性

【答案】D

【解析】A选项错误，租赁合同是转移财产使用权的合同。B选项错误，租赁合同是标的物的使用收益权与租金对待移转的双务、有偿合同。C选项错误，租赁合同是诺成合同。

2.关于租赁合同的说法中正确的是（　　）。

A.租赁合同的最长租赁期限，法律没有限制

B.当事人未依照法律、行政法规的规定办理租赁合同登记备案手续的，不影响合同的效力

C.租赁合同应当采用书面形式

D.定期租赁合同期限届满，承租人继续使用租赁物，出租人没有提出异议的，原租赁合同继续有效，租赁期限为原租赁合同的期限

【答案】B

【解析】A选项错误，租赁合同可以约定租赁期限，但租赁期限不得超过20年。C选项错误，租赁期限6个月以上的，应当采用书面形式。D选项错误，定期租赁合同期限届满，承租人继续使用租赁物，出租人没有提出异议的，原租赁合同继续有效，但租赁期限为不定期。

3.租赁合同中，出租人出卖租赁房屋，未通知承租人，关于其法律后果的说法，正确的有（　　）。

A.出租人与第三人订立的房屋买卖合同因此而无效

B.房屋按份共有人行使优先购买权的，承租人无权请求出租人承担赔偿责任

C.出租人将房屋出卖给近亲属的，承租人无权享有以同等条件优先购买的权利

D.租赁期限内，承租人有权继续使用该房屋

E.承租人有权请求撤销房屋买卖合同，并要求损害赔偿

【答案】CD

【解析】A选项错误，出租人出卖租赁房屋的，应当在出卖之前的合理期限内通知承租人，承租人享有以同等条件优先购买的权利，但是，房屋按份共有人行使优先购买权或者出租人将房屋出卖给近亲属的除

外。B选项错误，出租人未通知承租人或者有其他妨害承租人行使优先购买权情形的，承租人可以请求出租人承担赔偿责任。E选项错误，租赁物在承租人按照租赁合同占有期限内发生所有权变动的，不影响租赁合同的效力。

考点42　承揽合同★★★

1.关于承揽合同的说法中正确的是（　　）。

A.承揽人可以使用定作人的技术完成工作

B.承揽人经过定作人同意，可以将主要工作交由第三人完成，但不必对工作成果向定作人负责

C.承揽人将承揽的辅助工作交由第三人完成的，应就第三人完成的工作成果向定作人负责

D.承揽人在完成工作过程中，不接受定作人的监督

【答案】C

【解析】A选项错误，除当事人另有约定的外，承揽人应当以自己的设备、技术和劳力完成主要工作。B选项错误，未经定作人的同意，承揽人将承揽的主要工作交由第三人完成的，定作人可以解除合同；经定作人同意的，承揽人也应就第三人完成的工作成果向定作人负责。D选项错误，承揽人在工作期间，应当接受定作人必要的监督检验，但定作人不得因监督检验妨碍承揽人的正常工作。

2.在承揽合同中，关于承揽人义务的说法中正确的是（　　）。

A.承揽人发现定作人提供的材料不符合约定的，可以自行更换

B.共同承揽人对定作人承担连带责任

C.未经定作人许可，承揽人可以留存复制品或技术资料

D.承揽人在工作期间，不必接受定作人必要的监督检验

【答案】B

【解析】A选项错误，如果定作人提供材料的，承揽人应当对定作人提供的材料及时检验，发现不符合约定时，应当及时通知定作人更换、补齐或者采取其他补救措施。承揽人不得擅自更换定作人提供的材料，不得更换不需要修理的零部件。C选项错误，承揽人应当按照定作人的要求保守秘密，未经定作人许可，不得留存复制品或者技术资料。D选项错误，承揽人在工作期间，应当接受定作人必要的监督检验，但定作人不得因监督检验妨碍承揽人的正常工作。

3.甲公司和乙公司订立了预制构件承揽合同，合同履行过半，甲公司突然通知乙公司解除合同。关于甲公司和乙公司权利的说法中正确的是（　　）。

A.经乙公司同意后甲公司方可解除合同

B.乙公司有权要求甲公司继续履行合同

C.合同履行过半后，甲公司无权解除合同

D.甲公司有权随时解除合同，但应当向乙公司赔偿相应的损失

【答案】D

【解析】D选项正确，定作人在承揽人完成工作前可以随时解除承揽合同，造成承揽人损失的，应当赔偿损失。

考点43　运输合同★★★

1.关于货运合同法律特征的说法中正确的是（　　）。

A.货运合同是单务、有偿合同

B.货运合同的标的是货物

C.货运合同以托运人交付货物为合同成立的要件

D.货运合同的收货人可以不是订立合同的当事人

【答案】D

【解析】A选项错误，货运合同是双务、有偿合同。B选项错误，货运合同的标的是运输行为。C选项错误，货运合同是诺成合同，货运合同一般以托运人提出运输货物的请求为要约，承运人同意运输为承诺，要约一经承诺，合同即告成立。

2.关于运输合同中承运人权利义务的说法中正确的是（　　）。

A.承运人将货物交付收货人之前，托运人不能要求承运人变更到达地

B.货物由于不可抗力灭失但已收取运费的，托运人可以要求承运人返还

C.由于不可抗力造成货物毁损、灭失的，承运人应当承担损害赔偿责任

D.货运合同履行中，承运人对所要运送的货物享有拒运权

【答案】B

【解析】A选项错误，在承运人将货物交付收货人之前，托运人"可以要求"承运人中止运输、返还货物、"变更到达地"或者将货物交给其他收货人，但应当赔偿承运人因此受到的损失。C选项错误，承运人对运输过程中货物的毁损、灭失承担损害赔偿责任，但承运人证明货物的毁损、灭失是因不可抗力、货物本身的自然性质或者合理损耗以及托运人、收货人的过错造成的，则不承担损害赔偿责任。D选项错误，特定条件下才能拒绝运输，如托运人违反包装规定的，承运人可以拒绝运输。

3.货物在运输过程中因不可抗力灭失，如无特别约定，关于相关费用承担的说法中正确的是（　　）。

A.承运人可以请求托运人支付运费，但应赔偿货物的损失

B.货物的损失由托运人自己承担，已收取的运费承运人可以不退还

C.承运人未收取运费的不得请求支付运费，且托运人不承担货物损失的赔偿责任

D.承运人应退还运费，并赔偿货物的损失

【答案】C

【解析】C选项正确，承运人对运输过程中货物的毁损、灭失承担赔偿责任，但承运人证明货物的毁损、

灭失是因不可抗力、货物本身的自然性质或者合理损耗以及托运人、收货人的过错造成的，不承担赔偿责任。货物在运输过程中因不可抗力灭失，未收取运费的，承运人不得请求支付运费；已经收取运费的，托运人可以请求返还。法律另有规定的，依照其规定。

考点44 保险合同★★

1.关于人身保险合同的说法，正确的是（   ）。

A.保险合同只能由被保险人和保险人签订　　　　B.受益人由被保险人或投保人指定

C.被保险人或受益人必须是投保人　　　　D.保险人可以用诉讼方式要求投保人支付保险费

【答案】B

【解析】A选项错误，保险合同是指投保人与保险人约定保险权利义务关系的协议。C选项错误，投保人、被保险人可以为受益人。D选项错误，保险人对人身保险中人寿保险的保险费，不得用诉讼方式要求投保人支付。

2.在财产保险合同有效期内，保险标的的危险程度显著增加的，被保险人应当按照合同约定及时通知保险人，保险人可以按照合同约定提出的权利主张是（   ）。

A.减少保险费　　　　B.增加保险费，但无权解除合同

C.增加保险费或者解除合同　　　　D.中止保险合同

【答案】C

【解析】C选项正确，在合同的有效期内，保险标的的危险程度显著增加的，被保险人应当按照合同约定及时通知保险人，保险人可以按照合同约定增加保险费或者解除合同。

3.关于保险合同当事人及关系人的主要义务中说法正确的是（   ）。

A.保险人应履行及时签发保险单证的义务

B.发生事故后，确认保险事故的性质、原因、损失程度等有关的证明和资料由保险人搜集

C.为维护个人的利益，投保人可以隐瞒相关信息

D.如据以确定保险费率的有关情况发生变化，保险标的危险程度明显减小，投保人可以在下次支付保险费用时减少金额

【答案】A

【解析】B选项错误，投保人、被保险人或受益人应当向保险人提供其所能提供的与确认保险事故的性质、原因、损失程度等有关的证明和资料。C选项错误，投保人、被保险人、受益人有如实告知的义务。D选项错误，如据以确定保险费率的有关情况发生变化，保险标的危险程度明显减小，保险人应当降低保险费，并按日计算退还相应的保险费。

专题六　建设工程安全生产法律制度

导图框架

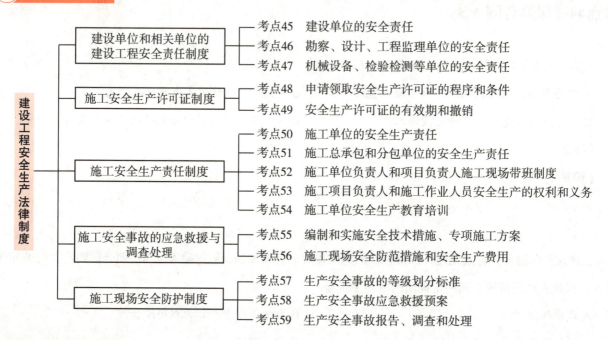

专题雷达图

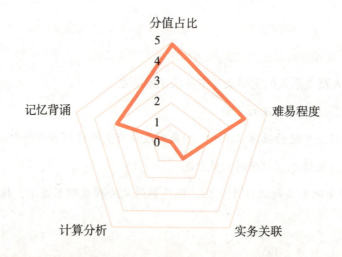

分值占比：本专题在法规考试中分值占比较高，预计15分左右。

难易程度：本专题考点较多，易混淆，学习难度较高。

实务关联：本专题与实务考试相关联考点较多，注意建设单位和相关单位的安全责任制度、施工安全许可证制度、施工生产安全事故的应急救援和调解处理等考点即可。

计算分析：本专题基本不会考查计算题。

记忆背诵：本专题的学习应以理解为主，抓住关键词，对考点的把握要精确。

考点练习

考点45　建设单位的安全责任★★★

1.对于拆除工程，建设单位报送的备案资料中不包括（　　）。

A.拆除施工组织方案　　　　　　　　　　B.建设单位的资质证明

C.堆放、清除废弃物的措施　　　　　　　D.拟拆除建筑物的说明

【答案】B

【解析】对于拆除工程，建设单位应当在拆除工程施工15日前，将下列资料报送建设工程所在地的县级以上地方人民政府建设行政主管部门或者其他有关部门备案：（1）施工单位资质等级证明；（2）拟拆除建筑物、构筑物及可能危及毗邻建筑的说明（对应D选项）；（3）拆除施工组织方案（对应A选项）；（4）堆放、清除废弃物的措施（对应C选项）。综上，应选择B选项。

2.涉及建筑主体和承重结构变动的装修工程，应当在施工前委托原设计单位或者（　　）提出设计方案。

A.其他设计单位　　　　　　　　　　　　B.监理单位

C.具有相应资质等级的设计单位　　　　　D.装修施工企业

【答案】C

【解析】C选项正确，涉及建筑主体和承重结构变动的装修工程，建设单位应当在施工前委托原设计单位或者具有相应资质等级的设计单位提出设计方案；没有设计方案的，不得施工。房屋建筑使用者在装修过程中，不得擅自变动房屋建筑主体和承重结构。

3.根据《建设工程安全生产管理条例》，依法批准开工报告的建设工程，建设单位应当自开工报告批准之日起15日内，将（　　）报送建设工程所在地县级以上地方人民政府建设行政主管部门或者其他有关部门备案。

A.保证安全施工的措施　　　　　　　　　B.施工组织方案

C.拆除建筑物的措施　　　　　　　　　　D.建设单位编制的工程概要

【答案】A

【解析】依法批准开工报告的建设工程，建设单位应当自开工报告批准之日起15日内，将保证安全施工的措施报送建设工程所在地的县级以上地方人民政府建设行政主管部门或者其他有关部门备案。因此，本题的正确答案是A选项。

4.下列责任中，建设单位的安全责任有（　　）。

A.申请中断道路交通的批准手续　　　　　B.编制安全技术措施和安全专项施工方案

C.总体协调分包单位的安全生产　　　　　D.向施工企业提供真实、准确和完整的有关资料

E.确定建设工程安全作业环境及安全施工措施所需费用

【答案】ADE

【解析】B选项属于施工单位的安全责任。C选项不属于建设单位的安全责任,应为总承包单位的安全责任。本题的正确答案是A、D、E选项。

5.经监理单位审查,由勘察单位向施工企业提供与建设工程有关的原始资料的真实性、准确性、齐全性的责任承担主体为（   ）。

A.监理单位　　　　　B.建设单位　　　　　C.施工企业　　　　　D.勘察单位

【答案】B

【解析】建设单位必须向有关的勘察、设计、施工、工程监理等单位提供与建设工程有关的原始资料。原始资料必须真实、准确、齐全。

考点46　勘察、设计、工程监理单位的安全责任★

1.根据《建设工程安全生产管理条例》,对于采用特殊结构的建设工程,需要提出保障施工作业人员安全和预防生产安全事故措施建议的主体是（   ）。

A.监理单位　　　　　B.施工单位　　　　　C.设计单位　　　　　D.建设单位

【答案】C

【解析】采用新结构、新材料、新工艺的建设工程和特殊结构的建设工程,设计单位应当在设计中提出保障施工作业人员安全和预防生产安全事故的措施建议。因此,本题的正确答案是C选项。

2.根据《建设工程安全生产管理条例》,关于建设工程中参建单位安全生产责任的说法中正确的是（   ）。

A.设计单位应在设计文件中注明涉及施工安全的重点部位和环节

B.施工单位对于安全作业费用有其他用途时需经建设单位批准

C.需要进行爆破作业的,施工单位应当依法办理有关批准手续

D.监理单位应当审查施工单位编制的专项施工方案是否符合投资概算

【答案】A

【解析】B选项错误,安全生产作业费用不能挪作他用。C选项错误,爆破作业时,办理有关批准手续的应该是建设单位。D选项错误,监理单位应当审查施工单位编制的专项施工方案是否符合强制性标准。

3.下列责任中,属于设计单位安全责任的是（   ）。

A.确定安全施工措施所需费用

B.对施工安全技术措施进行审查

C.审查专项施工方案是否符合工程建设强制性标准

D.对涉及施工安全的重点部位和环节在设计文件中注明,并对防范生产安全事故提出指导意见

【答案】D

【解析】设计单位安全责任：（1）按照法律法规和工程建设强制性标准进行设计；（2）提出防范生产安全事故的指导意见和措施建议；（3）对设计成果承担责任。A选项属于建设单位的安全责任，B、C选项属于监理单位的安全责任。

4.下列建设项目中，属于设计单位应当在设计中提出保障施工作业人员安全措施的建议的有（　　）。

A.采用新结构、新材料、新工艺的建设工程　　B.国家重点建设工程

C.关系公共利益和公共安全的建设工程　　D.全部使用国有资金投资的建设工程

E.采用特殊结构的建设工程

【答案】AE

【解析】设计单位应当考虑施工安全操作和防护的需要，对涉及施工安全的重点部位和环节在设计文件中注明，并对防范生产安全事故提出指导意见。采用新结构、新材料、新工艺的建设工程和特殊结构的建设工程，设计单位应当在设计中提出保障施工作业人员安全和预防生产安全事故的措施建议。因此，正确答案是A、E选项。

5.根据《建设工程安全生产管理条例》，下列工作中属于监理单位安全责任的是（　　）。

A.审查专项施工方案　　B.编制安全技术措施

C.审查安全施工措施　　D.编制专项施工方案

【答案】A

【解析】A选项正确，工程监理单位应当审查施工组织设计中的安全技术措施或者专项施工方案是否符合工程建设强制性标准。

考点47　机械设备、检验检测等单位的安全责任★★★

1.根据《建设工程安全生产管理条例》，出租的机械设备应当有产品合格证、检测合格证明和（　　）。

A.生产企业资质证明　　B.生产企业营业执照

C.生产许可证　　D.第三方检测合格证明

【答案】C

【解析】C选项正确，出租的机械设备和施工机具及配件，应当具有生产（制造）许可证、产品合格证。出租单位应当对出租的机械设备和施工机具及配件的安全性能进行检测，在签订租赁协议时，应当出具检测合格证明。

2.根据《建设工程安全生产管理条例》，出租机械设备和施工机具及配件，应提供的证明有（　　）。

A.租赁合同　　B.备案证明

C.生产制造许可证　　D.产品合格证

E.安全性能检测合格证明

【答案】CDE

【解析】C、D、E选项正确，出租的机械设备和施工机具及配件，应当具有生产（制造）许可证、产品合格证。出租单位应当对出租的机械设备和施工机具及配件的安全性能进行检测，在签订租赁协议时，应当出具检测合格证明。

3.根据《建筑起重机械安全监督管理规定》，自购建筑起重机械的使用单位使用的建筑起重机械应当予以报废，并向原备案机关办理注销手续的情形有（　　）。

A.没有完整安全技术档案的

B.属国家明令淘汰或者禁止使用的

C.超过安全技术标准或者制造厂家规定的使用年限的

D.没有齐全有效的安全保护装置的

E.经检验达不到安全技术标准规定的

【答案】BCE

【解析】有下列情形之一的建筑起重机械，不得出租、使用：（1）属国家明令淘汰或者禁止使用的（对应B选项）；（2）超过安全技术标准或者制造厂家规定的使用年限的（对应C选项）；（3）经检验达不到安全技术标准规定的（对应E选项）；（4）没有完整安全技术档案的；（5）没有齐全有效的安全保护装置的。建筑起重机械有（1）（2）（3）项情形之一的，出租单位或者自购建筑起重机械的使用单位应当予以报废，并向原备案机关办理注销手续。

4.安装、拆卸施工起重机械，应当编制拆装方案、制定安全施工措施，并由（　　）对现场实施全过程监督。

A.施工企业负责项目管理的技术负责人

B.监理单位负责安全的工程师

C.出租单位生产管理人员

D.安装、拆卸单位的专业技术人员

【答案】D

【解析】D选项正确，安装、拆卸施工起重机械和整体提升脚手架、模板等自升式架设设施，应当编制拆装方案、制定安全施工措施，并由专业技术人员现场监督。

5.检验检测机构对检测合格的施工起重机械和整体提升脚手架、模板等自升式架设设施，应当出具（　　），并对检测结果负责。

A.自检合格证明　　　　　　　　B.产品合格证

C.出厂许可证　　　　　　　　　D.安全合格证明文件

【答案】D

【解析】D选项正确，检验检测机构对检测合格的施工起重机械和整体提升脚手架、模板等自升式架设设施，应当出具安全合格证明文件，并对检测结果负责。

考点48　申请领取安全生产许可证的程序和条件★★★

1.建筑施工企业申请安全生产许可证时，应当向建设主管部门提供的材料不包括（　　）。

A.建筑施工企业安全生产许可证申请表

B.企业法人营业执照

C.与申请安全生产许可证应当具备的安全生产条件相关的文件、材料

D.施工许可证

【答案】D

【解析】建筑施工企业申请安全生产许可证时，应当向建设主管部门提供下列材料：（1）建筑施工企业安全生产许可证申请表（对应A选项）；（2）企业法人营业执照（对应B选项）；（3）与申请安全生产许可证应当具备的安全生产条件相关的文件、材料（对应C选项）。建筑施工企业申请安全生产许可证，应当对申请材料实质内容的真实性负责，不得隐瞒有关情况或者提供虚假材料。综上，本题应选择D选项。

2.建筑施工企业的安全生产许可证由（　　）省级人民政府住房城乡建设行政主管部门颁发。

A.施工行为地　　　　　　　　　　B.企业注册所在地

C.建设工程合同履行地　　　　　　D.建设工程合同签订地

【答案】B

【解析】B选项正确，建筑施工企业从事建筑施工活动前，应当依照本规定向企业注册所在地省、自治区、直辖市人民政府住房城乡建设主管部门申请领取安全生产许可证。

3.根据《建筑施工企业安全生产许可证管理规定》，属于取得安全生产许可证应当具备的条件的是（　　）。

A.设置安全管理机构，配备专职或者兼职安全生产管理人员

B.有符合规定的工程业绩

C.作业人员经过有关业务主管部门考核合格取得操作资格证书

D.保证本单位安全生产条件所需资金的投入

【答案】D

【解析】A选项错误，应该是设置安全生产管理机构，按照国家有关规定配备专职安全生产管理人员。B选项是办理资质证书的要求。C选项错误，特种作业人员经有关业务主管部门考核合格，取得特种作业操作资格证书。

4.根据《建筑施工企业安全生产许可证管理规定》，施工企业取得安全生产许可证应当具备的条件有（　　）。

A.管理人员和作业人员每年至少进行一次安全生产教育培训并考核合格

B.有对危险性较大的分部分项工程及施工现场易发生重大事故的部位、环节的预防、监控措施和应急预案

C.保证本项目安全生产条件所需资金的投入

D.设置安全生产管理机构，配备兼职安全生产管理人员

E.作业人员经考核合格，取得作业操作资格证

【答案】AB

【解析】C选项错误，应该是保证本单位安全生产条件所需资金的投入。D选项错误，应该是设置安全生产管理机构，按照国家有关规定配备专职安全生产管理人员。E选项错误，特种作业人员经有关业务主管部门考核合格，取得特种作业操作资格证书。

5.根据《建筑施工企业安全生产许可证管理规定》，建筑施工企业取得安全生产许可证应当具备的安全生产条件有（　　）。

A.主要负责人、项目负责人、专职安全生产管理人员经安全生产监督管理部门考核合格

B.建立、健全安全生产责任制，制定完备的安全生产规章制度和操作规程

C.保证本单位安全生产条件所需资金的投入

D.参加工伤保险，为施工现场人员办理意外伤害保险

E.设置安全生产管理机构，按照国家有关规定配备专职安全生产管理人员

【答案】BCE

【解析】A选项错误，主要负责人、项目负责人、专职安全生产管理人员经建设主管部门或者其他有关部门考核合格。D选项错误，依法参加工伤保险，依法为施工现场从事危险作业的人员办理意外伤害保险，为从业人员交纳保险。

考点49　安全生产许可证的有效期和撤销★★★

1.建筑施工企业安全生产许可证有效期满需要延期的，应当于期满前（　　）个月向原安全生产许可证颁发管理机关办理延期手续。

A.3　　　　　　B.2　　　　　　C.4　　　　　　D.6

【答案】A

【解析】安全生产许可证的有效期为3年。安全生产许可证有效期满需要延期的，企业应当于期满前3个月向原安全生产许可证颁发管理机关办理延期手续，所以A选项正确。企业在安全生产许可证有效期内，严格遵守有关安全生产的法律法规，未发生死亡事故的，安全生产许可证有效期届满时，经原安全生产许可证颁发管理机关同意，不再审查，安全生产许可证有效期延期3年。

2.关于安全生产许可证有效期的说法中正确的有（　　）。

A.安全生产许可证的有效期为3年

B.施工企业应当向原安全生产许可证颁发管理机关办理延期手续

C.安全生产许可证有效期满需要延期的，施工企业应当于期满前1个月办理延期手续

D.施工企业在安全生产许可证有效期内,严格遵守有关安全生产的法律法规,未发生死亡事故的,安全生产许可证有效期届满时,自动延期

E.安全生产许可证有效期延期3年

【答案】ABE

【解析】C选项错误,安全生产许可证有效期满需要延期的,企业应当于期满前3个月向原安全生产许可证颁发管理机关办理延期手续。D选项错误,企业在安全生产许可证有效期内,严格遵守有关安全生产的法律法规,未发生死亡事故的,安全生产许可证有效期届满时,经原安全生产许可证颁发管理机关同意,不再审查,安全生产许可证有效期延期3年。

3.建筑施工企业变更法定代表人的,应当在变更后( )日内到安全生产许可证颁发管理机关办理安全生产许可证变更手续。

A.10 B.5 C.15 D.20

【答案】A

【解析】A选项正确,建筑施工企业变更名称、地址、法定代表人等,应当在变更后10日内,到原安全生产许可证颁发管理机关办理安全生产许可证变更手续。

4.施工企业必须在变更后10日内到原安全生产许可证颁发管理机关办理生产安全许可证变更手续的情形有( )。

A.企业股东变更 B.企业名称变更

C.企业法定代表人变更 D.企业设立分公司

E.企业注册地址变更

【答案】BCE

【解析】B、C、E选项正确,建筑施工企业变更名称、地址、法定代表人等,应当在变更后10日内,到原生产许可证颁发机关办理安全生产许可证变更手续。

5.下列情形中,安全生产许可证颁发管理机关或者其上级行政机关可以撤销已经颁发的安全生产许可证的是( )。

A.转让安全生产许可证的 B.安全生产许可证有效期满未办理延期手续的

C.建筑施工企业不再具备安全生产条件的 D.超越法定职权颁发安全生产许可证的

【答案】D

【解析】安全生产许可证颁发管理机关或者其上级行政机关发现有下列情形之一的,可以撤销已经颁发的安全生产许可证:(1)安全生产许可证颁发管理机关工作人员滥用职权、玩忽职守颁发安全生产许可证的;(2)超越法定职权颁发安全生产许可证的(对应D选项);(3)违反法定程序颁发安全生产许可证的;(4)对不具备安全生产条件的建筑施工企业颁发安全生产许可证的;(5)依法可以撤销已经颁发的安全生产许可证的其他情形。

考点50 施工单位的安全生产责任★★

1.根据《安全生产法》，不属于生产经营单位主要负责人的主要安全生产职责的是（   ）。

A.保证本单位安全生产投入的有效实施　　　　B.及时、如实报告生产安全事故

C.为从业人员缴纳意外伤害保险费　　　　D.建立、健全本单位安全生产责任制

【答案】C

【解析】生产经营单位的主要负责人对本单位安全生产工作负有下列职责：（1）建立、健全本单位安全生产责任制（对应D选项）；（2）组织制定本单位安全生产规章制度和操作规程；（3）保证本单位安全生产投入的有效实施（对应A选项）；（4）督促、检查本单位的安全生产工作，及时消除生产安全事故隐患；（5）组织制定并实施本单位的生产安全事故应急救援预案；（6）及时、如实报告生产安全事故（对应B选项）；（7）组织制定并实施本单位安全生产教育和培训计划。因此，本题应选择C选项。

2.关于建筑施工企业安全生产管理机构专职安全生产管理人员配备的说法，正确的是（   ）。

A.建筑施工劳务分包企业不少于1人　　　　B.建筑施工总承包企业特级资质不少于6人

C.建筑施工总承包企业一级资质不少于3人　　　　D.建筑施工专业承包企业一级资质不少于2人

【答案】B

【解析】A选项错误，建筑施工劳务分包资质序列企业不少于2人（分包单位在配备项目专职安全生产管理人员时，也要考虑规模，不能一概而论地说不少于1人。劳务分包单位施工人员在50人以下的，应当配备1名专职安全生产管理人员；50~200人的，应当配备2名专职安全生产管理人员；200人及以上的应当配备3名及以上专职安全生产管理人员，并根据所承担的分部分项工程施工危险实际情况增加，不得少于工程施工人员总人数的5‰）。C选项错误，总承包一级资质不少于4人。D选项错误，专业承包一级资质不少于3人。

3.建筑施工总承包特级资质企业，应至少配备（   ）名专职安全生产管理人员。

A.8　　　　B.6　　　　C.4　　　　D.3

【答案】B

【解析】建筑施工总承包资质序列企业：特级资质不少于6人；一级资质不少于4人；二级和二级以下资质企业不少于3人。所以B选项正确。

4.根据《安全生产法》，生产经营单位主要负责人对本单位安全生产负有的职责有（   ）。

A.建立、健全并落实本单位全员安全生产责任制，加强安全生产标准化建设

B.组织开展危险源辨识和评估，督促落实本单位重大危险源的安全管理措施

C.组织制定并实施本单位安全生产规章制度和操作规程

D.组织制定并实施本单位的生产安全事故应急救援预案

E.组织或者参与本单位应急救援演练

【答案】ACD

【解析】生产经营单位的主要负责人对本单位安全生产工作负有下列职责：（1）建立、健全并落实本单位全员安全生产责任制，加强安全生产标准化建设（对应A选项）；（2）组织制定并实施本单位安全生产规章制度和操作规程（对应C选项）；（3）组织制定并实施本单位安全生产教育和培训计划；（4）保证本单位安全生产投入的有效实施；（5）组织建立并落实安全风险分级管控和隐患排查治理双重预防工作机制，督促、检查本单位的安全生产工作，及时消除生产安全事故隐患；（6）组织制定并实施本单位的生产安全事故应急救援预案（对应D选项）；（7）及时、如实报告生产安全事故。B、E选项是生产经营单位安全生产管理机构的责任。

5.施工企业的主要负责人，对于本单位生产安全工作的主要职责包括（　　）。

A.编制专项工程施工方案

B.建立、健全本单位安全生产责任制度

C.组织制定本单位安全生产规章制度和操作规程

D.保证本单位安全生产投入的有效实施

E.督促、检查本单位的安全生产工作，及时消除生产安全事故隐患

【答案】BCDE

【解析】生产经营单位的主要负责人对本单位安全生产工作负有下列职责：（1）建立、健全并落实本单位全员安全生产责任制（对应B选项），加强安全生产标准化建设；（2）组织制定并实施本单位安全生产规章制度和操作规程（对应C选项）；（3）组织制定并实施本单位安全生产教育和培训计划；（4）保证本单位安全生产投入的有效实施（对应D选项）；（5）组织建立并落实安全风险分级管控和隐患排查治理双重预防工作机制，督促、检查本单位的安全生产工作，及时消除生产安全事故隐患（对应E选项）；（6）组织制定并实施本单位的生产安全事故应急救援预案；（7）及时、如实报告生产安全事故。

考点51　施工总承包和分包单位的安全生产责任★★

1.施工总承包单位和分包单位对分包工程安全生产承担的责任是（　　）。

A.独立责任　　　　B.按份责任　　　　C.补充责任　　　　D.连带责任

【答案】D

【解析】《建设工程安全生产管理条例》规定，总承包单位和分包单位对分包工程的安全生产承担连带责任。故本题D选项正确。

2.某建设工程项目分包工程发生生产安全事故，负责向安全生产监督管理部门、建设行政主管部门或其他有关部门上报的是（　　）。

A.现场施工人员　　B.分包单位　　　　C.建设单位　　　　D.总承包单位

【答案】D

【解析】D选项正确，实行施工总承包的建设工程，由总承包单位负责上报事故。

3.实行施工总承包的工程项目,应由( )统一组织编制建设工程生产安全事故应急救援预案。

A.施工总承包单位　　　B.建设单位　　　　C.监理单位　　　　D.各分包单位

【答案】A

【解析】A选项正确,施工单位应当根据建设工程施工的特点、范围,对施工现场易发生重大事故的部位、环节进行监控,指定施工现场生产安全事故应急救援预案。实行施工总承包的,由总承包单位统一组织编制建设工程生产安全事故应急救援预案。

4.某幕墙分包单位没有按照审批方案搭设外围脚手架,总承包单位安全人员发现后及时予以制止,并要求整改,但分包单位仍一意孤行拒不改正,最终导致脚手架失稳而发生坍塌事故致两人死亡。该安全事故应由( )。

A.总承包单位承担责任　　　　　　　　B.幕墙分包单位承担责任

C.总承包单位承担主要责任　　　　　　D.分包单位承担主要责任

【答案】D

【解析】D选项正确,分包单位应当服从总承包单位的安全生产管理,分包单位不服从管理导致安全生产事故的,由分包单位承担主要责任。

5.某工程项目由总包单位承包,施工现场有三家分包单位同时施工,关于该项目的安全责任,说法正确的是( )。

A.由总包单位承担

B.由分包单位承担

C.分包单位就各自分包内容与总包单位承担连带责任

D.分包单位对整个工程与总包单位承担连带责任

【答案】C

【解析】C选项正确,总承包单位和分包单位对分包工程的安全生产承担连带责任。

考点52　施工单位负责人和项目负责人施工现场带班制度★★★

1.建筑施工企业负责人要定期带班检查,每月检查时间不少于其工作日的( )。

A.25%　　　　　　　B.80%　　　　　　　C.35%　　　　　　　D.75%

【答案】A

【解析】A选项正确,建筑施工企业负责人要定期带班检查,每月检查时间不少于其工作日的25%。

2.下列关于施工单位项目负责人施工现场带班制度的说法,错误的是( )。

A.项目负责人是工程项目质量安全管理的第一责任人

B.项目负责人在同一时期只能承担一个工程项目的管理工作

C.项目负责人每月带班生产时间不得少于本月施工时间的60%

D.因其他事务需离开施工现场时,应向工程项目的建设单位请假,经批准后方可离开

【答案】C

【解析】C选项错误,项目负责人每月带班生产时间不得少于本月施工时间的80%。

3.关于建筑施工企业负责人施工现场带班制度的说法,正确的是(　　)。

A.建筑施工企业负责人每月带班检查的时间不少于该月的25%

B.建筑施工企业负责人带班检查时形成的检查记录仅在工程项目上存档备查即可

C.超过一定规模的危险性较大的分部分项工程施工时,建筑施工企业负责人应到施工现场进行带班检查

D.对于有分公司的企业集团,集团负责人因故不能到现场的,必须书面委托集团公司所在地分公司负责人进行带班检查

【答案】C

【解析】A选项错误,建筑施工企业负责人要定期带班检查,每月检查时间不少于其工作日的25%。B选项错误,建筑施工企业负责人带班检查时,应认真做好检查记录,并分别在企业和工程项目存档备查。D选项错误,对于有分公司(非独立法人)的企业集团,集团负责人因故不能到现场的,可书面委托工程所在地的分公司负责人对施工现场进行带班检查。

4.关于施工项目负责人安全生产责任的说法,正确的是(　　)。

A.对本企业安全生产管理全面负责

B.向监理单位请假并经同意后,项目负责人方可离开

C.每月带班生产时间不得少于本月施工时间的80%

D.在"危大工程"施工期间离开施工现场时,应当委托相关项目相关负责人在现场带班

【答案】C

【解析】A选项错误,项目负责人对本项目安全生产管理全面负责。B选项错误,因其他事务需离开施工现场时,应向工程项目的建设单位请假,经批准后方可离开。D选项错误,工程项目进行超过一定规模的危险性较大的分部分项工程施工时,建筑施工企业负责人应到施工现场进行带班检查,项目负责人离开期间,应委托项目相关负责人负责其外出时的日常工作。

考点53　施工项目负责人和施工作业人员安全生产的权利和义务★★★

1.王某装预制构件时发现构件欲脱落,拒绝继续作业并迅速躲避。王某的行为属于行使法律赋予的(　　)。

A.正当防卫权　　　B.紧急避险权　　　C.拒绝权　　　D.知情权

【答案】B

【解析】B选项正确,从业人员发现直接危及人身安全的紧急情况时,有权停止作业或者在采取可能的应急措施后撤离作业场所。

2.施工作业人员享有的安全生产权利有（　　）。

A.纠正和处理违章作业　　　　　　　　B.拒绝连续加班作业

C.拒绝冒险作业　　　　　　　　　　　D.紧急避险权

E.对施工安全生产提出建议

【答案】CDE

【解析】施工作业人员应当享有的安全生产权利：（1）施工安全生产的知情权和建议权（对应E选项）；（2）施工安全防护用品的获得权；（3）对危险行为的批评、检举、控告权及拒绝违章指挥权（对应C选项）；（4）紧急避险权（对应D选项）；（5）获得救治和请求民事赔偿权；（6）获得工伤保险、安全生产责任保险和意外伤害保险赔偿的权利；（7）依靠工会维护合法权益。A选项不属于施工作业人员的权利。

3.下列情形中，属于施工作业人员安全生产义务的是（　　）。

A.对本单位的安全生产工作提出建议

B.接受安全生产教育和培训

C.发现直接危及人身安全的紧急情况时停止作业

D.拒绝违章指挥和强令冒险作业

【答案】B

【解析】施工作业人员的义务：（1）守法遵章和正确使用安全防护用具等义务；（2）接受安全生产教育培训的义务（对应B选项）；（3）施工安全事故隐患报告的义务；（4）被派遣劳动者的义务。

4.施工作业人员应当履行的安全生产义务是（　　）。

A.确保项目安全生产费用有效使用

B.对影响人身健康的作业条件提出改进建议

C.批评、检察、控告危及生命安全的行为

D.正确使用安全防护用具

【答案】D

【解析】施工作业人员主要应当履行如下安全生产义务：（1）守法遵章和正确使用安全防护用具等的义务（对应D选项）；（2）接受安全生产教育培训的义务；（3）施工安全事故隐患报告的义务；（4）被派遣劳动者的义务。A选项属于项目负责人的安全生产责任。B、C选项属于施工作业人员的安全生产权利。

考点54　施工单位安全生产教育培训★★★

1.根据《建筑施工企业安全生产许可证管理规定》，建筑施工企业取得安全生产许可证，应当经过住房城乡建设主管部门或者其他有关部门考核合格的人员有（　　）。

A.主要负责人、部门负责人和项目负责人

B.主要负责人、项目负责人和专职安全生产管理人员

C.部门负责人、项目负责人和专职安全生产管理人员

D.主要负责人、项目负责人和从业人员

【答案】B

【解析】B选项正确,企业主要负责人、项目负责人和专职安全生产管理人员合称为安管人员。安管人员应当通过其受聘企业,向企业工商注册地的省、自治区、直辖市人民政府住房城乡建设主管部门申请安全生产考核,并取得安全生产考核合格证书。

2.根据《建筑施工企业主要负责人、项目负责人和专职安全生产管理人员安全管理规定》,关于"安管人员"安全生产考核的说法中正确的有（   ）。

A.安管人员应当自行申请安全生产考核

B.安管人员的安全生产考核由国务院住房城乡建设行政主管部门统一颁发合格证书

C.安全生产考核证书的有效期无限制

D.安全生产考核应当向省级人民政府城乡建设主管部门申请

E.安全生产考核证书在全国范围内有效

【答案】DE

【解析】A、B选项错误,安管人员应当通过其受聘企业,向企业工商注册地的省、自治区、直辖市人民政府住房城乡建设主管部门申请安全生产考核,并取得安全生产考核合格证书。C选项错误,安全生产考核合格证书有效期为3年,证书在全国范围内有效。

3.根据《安全生产许可证条例》,必须持特种作业操作证书上岗的人员是（   ）。

A.项目经理   B.兼职安全员

C.建筑架子工   D.BIM系统操作员

【答案】C

【解析】C选项正确,建筑架子工属于特种作业人员。建筑施工特种作业包括:（1)建筑电工;（2)建筑架子工;（3)建筑起重信号司索工;（4)建筑起重机械司机;（5)建筑起重机械安装拆卸工;（6)高处作业吊篮安装拆卸工;（7)经省级以上人民政府建设主管部门认定的其他特种作业。

4.建筑施工企业对新职工应当进行至少（   ）学时的安全培训,每年进行至少（   ）学时的再培训。

A.32,20   B.40,32

C.20,32   D.32,40

【答案】A

【解析】A选项正确,建筑企业要对新职工进行至少32学时的安全培训,每年进行至少20学时的再培训。

5.根据《建设工程安全生产管理规定》,施工企业对作业人员进行安全生产教育培训,应在（   ）之前。

A.作业人员进入新的岗位   B.作业人员进入新的施工现场

C.企业采用新技术　　　　　　　　D.企业采用新工艺

E.企业申请办理资质延续手续

【答案】ABCD

【解析】A、B、C、D选项正确，作业人员进入新的岗位或者新的施工现场前，应当接受安全生产教育培训。施工单位在采用新技术、新工艺、新设备、新材料时，应当对作业人员进行相应的安全生产教育培训。

考点55　编制和实施安全技术措施、专项施工方案★★★

1.根据《建设工程安全生产管理条例》，关于对达到一定规模的危险性较大的分部分项工程编制专项施工方案的说法，正确的有（　　）。

A.应当附具安全验算结果　　　　　　B.应当经施工企业技术负责人签字

C.应当经总监理工程师签字　　　　　D.由专职安全生产管理人员进行现场监督

E.应当经建设单位负责人签字

【答案】ABCD

【解析】E选项错误，对达到一定规模的危险性较大的分部分项工程编制专项施工方案，并附具安全验算结果，经施工单位技术负责人、总监理工程师签字后实施，由专职安全生产管理人员进行现场监督。

2.根据《建设工程安全生产管理条例》，下列危大工程中，施工企业应组织专家对专项施工方案进行论证、审查的有（　　）。

A.砌筑工程　　　　　　　　　　　　B.地下暗挖工程

C.起重吊装工程　　　　　　　　　　D.爆破工程

E.高大模板工程

【答案】BE

【解析】B、E选项正确，对危大工程中涉及深基坑、地下暗挖工程、高大模板工程的专项施工方案，施工单位还应当组织专家进行论证、审查。

3.对于土方开挖工程，施工企业编制专项施工方案后，经（　　）签字后实施。

A.施工企业项目经理、现场监理工程师

B.施工企业技术负责人、建设单位负责人

C.施工企业技术负责人、总监理工程师

D.建设单位负责人、总监理工程师

【答案】C

【解析】C选项正确，对达到一定规模的危险性较大的分部分项工程编制专项施工方案，并附具安全验算结果，经施工单位技术负责人、总监理工程师签字后实施。

4.根据《危险性较大的分部分项工程安全管理规定》，关于危大工程专项施工方案的说法中正确的是（　　）。

A.危大工程实行分包的，专项施工方案应当由相关专业分包单位组织编制

B.危大工程实行施工总承包的，专项施工方案应当由施工总承包单位编制

C.分包单位组织编制的专项施工方案应当由分包单位负责人签字并加盖单位公章

D.超过一定规模的危大工程，建设单位应当组织专家会议论证专项施工方案

【答案】B

【解析】A选项错误，危大工程实行分包的，专项施工方案可以由相关专业分包单位组织编制。C选项错误，危大工程实行分包并由分包单位编制专项施工方案的，专项施工方案应当由总承包单位技术负责人及分包单位技术负责人共同审核签字并加盖单位公章。D选项错误，对于超过一定规模的危大工程，施工单位应当组织召开专家论证会对专项施工方案进行论证。

5.根据《危险性较大的分部分项工程安全管理办法》，实行工程总承包的，对于超过一定规模的危险性较大的分部分项工程专项方案，应当由（　　）组织召开专家论证会。

A.建设单位　　　　B.总承包单位　　　　C.设计单位　　　　D.分包单位

【答案】B

【解析】B选项正确，对于超过一定规模危险性较大的分部分项工程，施工单位应当组织专家对专项方案进行论证。

考点56　施工现场安全防范措施和安全生产费用★★★

1.根据《建设工程安全生产管理条例》，施工单位应在施工现场（　　）设置明显的安全警示标志。

A.楼梯口　　　　　　　　　　B.配电箱

C.塔式起重机　　　　　　　　D.基坑底部

E.施工现场出口处

【答案】ABC

【解析】D选项错误，应为基坑边沿。E选项错误，应为施工现场入口处。施工单位应当在施工现场入口处、施工起重机械、临时用电设施、脚手架、出入通道口、楼梯口、电梯井口、孔洞口、桥梁口、隧道口、基坑边沿、爆破物及有害危险气体和液体存放处等危险部位，设置明显的安全警示标志。

2.关于施工企业进行可能危及危险化学品管道安全的施工作业的说法中正确的是（　　）。

A.施工企业应当与建设单位共同制定应急预案

B.施工企业应当在开工日3日前通知管道所属单位

C.施工企业通知管道所属单位时应采用书面形式

D.建设单位应当指派专门人员到现场进行管道安全保护指导

【答案】C

【解析】进行可能危及危险化学品管道安全的施工作业时，施工单位应当在开工的7日前书面通知管道所属单位，并与管道所属单位共同制定应急预案，采取相应的安全防护措施。A选项错误，应为施工单位与管道所属单位。B选项错误，应为7日前。D选项错误，管道所属单位应当指派专门人员到现场进行管道安全保护指导。

3.关于施工企业安全费用的说法中正确的有（   ）。

A.采取经评审的最低投标价法评标的招标项目，安全费用在竞标时可以降低

B.安全费用以工程造价为计提依据

C.安全费用不列入工程造价

D.房屋建筑工程的安全费用计提比例高于市政公用工程

E.施工总承包单位与分包单位分别计提安全费用

【答案】BD

【解析】A、C选项错误。建设工程施工企业提取的安全费用列入工程造价，在竞标时不得删减，列入标外管理。E选项错误，总承包单位应当将安全费用按比例直接支付给分包单位并监督其使用，分包单位不再重复提取。

4.根据《建筑安装工程费用项目组成》，以下属于安全文明施工费的是（   ）。

A.分部分项工程费 B.已完工程及设备保护费

C.临时设施费 D.规费

【答案】C

【解析】C选项正确，安全文明施工费包括：（1）环境保护费；（2）文明施工费；（3）安全施工费；（4）临时设施费。

考点57　生产安全事故的等级划分标准★★★

1.某施工企业施工过程中发生生产安全事故，造成1人死亡，直接经济损失320万元。根据《生产安全事故报告和调查处理条例》，该事故等级为（   ）。

A.特别重大事故 B.一般事故 C.重大事故 D.较大事故

【答案】B

【解析】1人死亡（3人以下）为一般事故，直接经济损失320万元（1000万元以下）为一般事故，因此该事故等级为一般事故，B选项正确。

2.某工程施工现场发生安全事故，造成3人死亡，直接经济损失600余万元，该事故属于（   ）。

A.特别重大事故 B.重大事故

C.较大事故 D.一般事故

【答案】C

【解析】C选项正确，3人死亡为较大事故，600余万元直接经济损失为一般事故，因此该事故等级为较大事故。根据生产安全事故造成的人员伤亡或者直接经济损失，事故一般分为以下等级：（1）特别重大事故，是指造成30人以上死亡，或者100人以上重伤，或者1亿元以上直接经济损失的事故。（2）重大事故，是指造成10人以上30人以下死亡，或者50人以上100人以下重伤，或者5000万元以上1亿元以下直接经济损失的事故。（3）较大事故，是指造成3人以上10人以下死亡，或者10人以上50人以下重伤，或者1000万元以上5000万元以下直接经济损失的事故。（4）一般事故，是指造成3人以下死亡，或者10人以下重伤，或者1000万元以下直接经济损失的事故。

3.某项目在施工过程中脚手架坍塌，造成5人死亡，60人重伤，直接经济损失900余万元。该事故属于（　　）。

A.重大事故　　　　B.一般事故　　　　C.较大事故　　　　D.特别重大事故

【答案】A

【解析】A选项正确，事故一般分为以下等级：（1）特别重大事故，是指造成30人以上死亡，或者100人以上重伤（包括急性工业中毒，下同），或者1亿元以上直接经济损失的事故；（2）重大事故，是指造成10人以上30人以下死亡，或者50人以上100人以下重伤，或者5000万元以上1亿元以下直接经济损失的事故；（3）较大事故，是指造成3人以上10人以下死亡，或者10人以上50人以下重伤，或者1000万元以上5000万元以下直接经济损失的事故；（4）一般事故，是指造成3人以下死亡，或者10人以下重伤，或者1000万元以下直接经济损失的事故。所称的"以上"包括本数，所称的"以下"不包括本数。根据题干，5人死亡为较大事故，60人重伤为重大事故，900余万元经济损失为一般事故，按照事故等级就高原则，因此该事故为重大事故。

考点58　生产安全事故应急救援预案★★★

1.某建筑公司制定的生产安全事故现场处置方案，按规定应（　　）至少组织一次演练。

A.每年　　　　B.每半年　　　　C.每季度　　　　D.每月

【答案】B

【解析】B选项正确，生产经营单位应当制定本单位的应急预案演练计划，根据本单位的事故预防重点，每半年至少组织一次安全事故应急救援预案演练。

2.负责组织编制和实施本单位的应急预案，并对应急预案的真实性和实用性负责的是（　　）。

A.生产经营单位分管负责人

B.生产经营单位主要负责人

C.生产经营单位项目负责人

D.生产经营单位技术负责人

【答案】B

【解析】B选项正确，生产经营单位主要负责人负责组织编制和实施本单位的应急预案，并对应急预案的真实性和实用性负责；各分管负责人应当按照职责分工落实应急预案规定的职责。

3.地方各级人民政府应急管理部门的应急预案，应当报同级人民政府备案，同时抄送（   ），并依法向社会公布。

A.上一级人民政府应急管理部门　　　　　　B.同级人民政府应急管理部门

C.上一级人民政府　　　　　　　　　　　　D.同级人民代表大会

【答案】A

【解析】A选项正确，地方各级人民政府应急管理部门的应急预案，应当报同级人民政府备案，同时抄送上一级人民政府应急管理部门并依法向社会公布。地方各级人民政府其他负有安全生产监督管理职责的部门的应急预案，应当抄送同级人民政府应急管理部门。

4.地方各级应急管理部门的应急预案，应当报（   ）备案。

A.上一级人民政府

B.国务院安全生产监督管理部门

C.同级安全生产监督管理部门

D.同级人民政府

【答案】D

【解析】D选项正确，地方各级人民政府应急管理部门的应急预案，应当报同级人民政府备案，同时抄送上一级人民政府应急管理部门，并依法向社会公布。地方各级人民政府其他负有安全生产监督管理职责的部门的应急预案，应当抄送同级人民政府应急管理部门。

5.根据《生产安全事故应急预案管理办法》，生产经营单位申报应急预案备案，应当提交的材料包括（   ）。

A.应急预案电子文档

B.风险评估结果

C.应急资源清单

D.应急预案备案申报表

E.应急处置程序

【答案】ABD

【解析】A、B、D选项正确，生产经营单位申报应急预案备案，应当提交下列材料：（1）应急预案备案申报表；（2）《生产安全事故应急预案管理办法》第21条所列单位，应当提供应急预案评审意见；（3）应急预案电子文档；（4）风险评估结果和应急资源调查清单。

考点59 生产安全事故报告、调查和处理★★★

1.根据《生产安全事故报告和调查处理条例》,除了交通事故、火灾事故外的其他事故造成的伤亡人数发生变化的,应当自事故发生起（　　）日内及时补报。

A.60　　　　　　　　　　　　　　B.50

C.40　　　　　　　　　　　　　　D.30

【答案】D

【解析】D选项正确,自事故发生之日起30日内,事故造成的伤亡人数变化的,应当及时补报。道路交通事故、火灾事故自发生之日起7日内,事故造成的伤亡人数发生变化的,应当及时补报。

2.根据《房屋市政工程生产安全事故报告和查处工作规程》,较大事故发生后,住房城乡建设主管部门每级上报事故情况的时间不得超过（　　）小时。

A.1　　　　　B.2　　　　　C.3　　　　　D.4

【答案】B

【解析】《房屋市政工程生产安全事故报告和查处工作规程》中规定,国务院住房城乡建设主管部门应当在特别重大和重大事故发生后4小时内,向国务院上报事故情况。省级住房城乡建设主管部门应当在特别重大、重大事故或者可能演化为特别重大、重大的事故发生后3小时内,向国务院住房城乡建设主管部门上报事故情况。B选项正确,较大事故、一般事故发生后,住房城乡建设主管部门每级上报事故情况的时间不得超过2小时。

3.根据《房屋市政工程生产安全事故报告和查处工作规程》,事故报告主要内容应当包括（　　）。

A.事故的简要经过和初步原因

B.事故的发生时间、地点和工程项目名称

C.事故的应急救援的情况

D.事故已经造成或者可能造成的伤亡人数（包括下落不明人数）

E.事故工程项目的建设单位及项目负责人、施工单位及其法定代表人和项目经理、监理单位及其法定代表人和项目总监

【答案】ABDE

【解析】事故报告主要应当包括以下内容:（1）事故的发生时间、地点和工程项目名称（对应B选项）;（2）事故已经造成或者可能造成的伤亡人数（包括下落不明人数）（对应D选项）;（3）事故工程项目的建设单位及项目负责人、施工单位及其法定代表人和项目经理、监理单位及其法定代表人和项目总监（对应E选项）;（4）事故的简要经过和初步原因（对应A选项）;（5）其他应当报告的情况。

4.根据《住房和城乡建设部关于做好房屋建筑和市政基础设施工程质量事故报告和调查处理工作的通知》,住房和城乡建设主管部门组织或参与事故调查组对事故进行调查的职责有（　　）。

A.分析事故的直接原因和间接原因

B.核实事故基本情况

C.认定事故的性质和事故责任

D.核查事故项目履行法定建设程序情况

E.对事故责任单位和责任人员进行处理

【答案】ABCD

【解析】住房和城乡建设主管部门应当按照有关人民政府的授权或委托，组织或参与事故调查组对事故进行调查，并履行下列职责：（1）核实事故基本情况（对应B选项），包括事故发生的经过、人员伤亡情况及直接经济损失；（2）核查事故项目基本情况，包括项目履行法定建设程序情况（对应D选项）、工程各参建单位履行职责的情况；（3）依据国家有关法律法规和工程建设标准分析事故的直接原因和间接原因（对应A选项），必要时组织对事故项目进行检测鉴定和专家技术论证；（4）认定事故的性质和事故责任（对应C选项）；（5）依照国家有关法律法规提出对事故责任单位和责任人员的处理建议；（6）总结事故教训，提出防范和整改措施；（7）提交事故调查报告。

5.根据《生产安全事故报告和调查处理条例》，关于事故处理的说法中正确的是（　　）。

A.重大事故的事故调查报告由国务院批复

B.较大事故的批复时间为30日

C.事故发生单位不得依照批复对本单位负有事故责任的人员进行处理

D.特别重大事故的批复时间可以延长，但延长时间最长不超过30日

【答案】D

【解析】D选项正确，《生产安全事故报告和调查处理条例》规定，重大事故、较大事故、一般事故，负责事故调查的人民政府应当自收到事故调查报告之日起15日内做出批复；特别重大事故，30日内做出批复，特殊情况下，批复时间可以适当延长，但延长的时间最长不超过30日。事故发生单位应当按照负责事故调查的人民政府的批复，对本单位负有事故责任的人员进行处理。

专题七　建设工程质量法律制度

导图框架

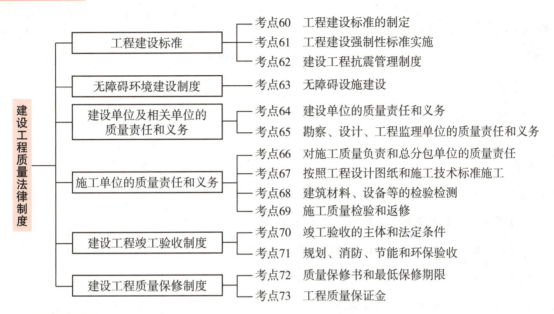

专题雷达图

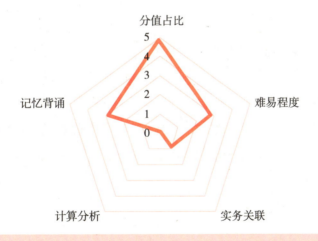

分值占比：本专题在法规考试中分值占比较高，预计15分左右。

难易程度：本专题内容调整不大，主要新增了无障碍环境建设制度的相关内容。

实务关联：本专题与实务考试相关联考点不多，主要涉及工程建设标准、无障碍环境建设制度、建设单位及相关单位的质量责任和义务、施工单位的质量责任和义务、建设工程竣工验收制度、建设工程保修制度等。

计算分析：本专题基本不会考查计算题。

记忆背诵：在学习本专题知识时，应联系工程实际理解相关内容，辨析关键词，对考点进行精准把握。

考点练习

考点60　工程建设标准的制定 ★★★

1.根据《标准化法》，标准包括（　　）。

A.国家标准　　　　　　　　　　　　B.国际标准

C.行业标准　　　　　　　　　　　　D.地方标准

E.企业标准

【答案】ACDE

【解析】标准包括国家标准、行业标准、地方标准和团体标准、企业标准。

2.下列属于工程建设国家标准中强制性标准的有（　　）。

A.工程建设通用的有关安全、卫生和环境保护的标准

B.工程建设重要的通用的建筑模数和制图方法标准

C.工程建设重要的行业专用的试验、检验和评定方法等标准

D.工程建设重要的通用的信息技术标准

E.工程建设勘察、规划、设计、施工（包括安装）及验收等行业专用的综合性标准

【答案】ABD

【解析】工程建设国家标准分为强制性标准和推荐性标准。下列标准属于强制性标准：（1）工程建设勘察、规划、设计、施工（包括安装）及验收等通用的综合标准和重要的通用的质量标准；（2）工程建设通用的有关安全、卫生和环境保护的标准（对应A选项）；（3）工程建设重要的通用的术语、符号、代号、量与单位、建筑模数和制图方法标准（对应B选项）；（4）工程建设重要的通用的试验、检验和评定方法等标准；（5）工程建设重要的通用的信息技术标准（对应D选项）；（6）国家需要控制的其他工程建设通用的标准。强制性标准以外的标准是推荐性标准。

3.国家标准复审周期一般不得超过（　　）年。

A.5　　　　　　　B.3　　　　　　　C.1　　　　　　　D.半

【答案】A

【解析】国家标准复审周期一般不得超过5年，因此，本题的正确答案是A选项。

4.关于工程建设强制性国家标准的说法，正确的是（　　）。

A.强制性标准文本可以收费

B.国务院标准化行政主管部门根据国务院授权作出的强制性国家标准的解释与标准具有同等效力

C.应当由国务院标准化行政主管部门批准发布

D.对各有关行业起引领作用的技术要求应当制定强制性国家标准

【答案】B

【解析】A选项错误，强制性国家标准应当免费向社会公开。C选项错误，强制性国家标准由国务院批准发布或者授权发布。D选项错误，此种情形是可以制定推荐性国家标准。因此，本题的正确答案是B选项。

5.关于工程建设国家标准的制定，国务院标准化行政主管部门负责工程建设强制性国家标准的（　　）。

A.项目提出　　　　　　　　　　B.组织起草

C.立项　　　　　　　　　　　　D.编号和对外通报

E.征求意见

【答案】CD

【解析】国务院标准化行政主管部门负责强制性国家标准的立项、编号和对外通报。

6.关于工程建设标准的说法，正确的是（　　）。

A.强制性国家标准由国务院批准发布或者授权批准发布

B.行业标准可以是强制性标准

C.新的国家标准实施后，原有的行业标准继续实施

D.国家标准的复审一般在颁布后5年进行一次

【答案】A

【解析】B选项错误，行业标准是推荐性标准。C选项错误，行业标准在相应的国家标准实施后，应当及时修订或废止。D选项错误，国家标准的复审一般在实施后，不是颁布后，复审周期一般不超过5年。

7.国家标准、行业标准的制定一般分为（　　）四个程序。

A.准备、征求意见、修正、送审　　　　B.征求意见、修正、送审、报批

C.准备、专家会审、征求意见、报批　　D.准备、征求意见、送审、报批

【答案】D

【解析】工程建设国家标准和行业标准制定程序都可分为准备、征求意见、送审和报批四个阶段。因此，本题的正确答案是D选项。

8.根据《标准化法》，负责工程建设强制性国家标准的立项、编号和对外通报的单位是（　　）。

A.省级人民政府标准化行政主管部门

B.国务院住房城乡建设行政主管部门

C.国家标准化管理委员会

D.国务院标准化行政主管部门

【答案】D

【解析】国务院标准化行政主管部门负责强制性国家标准的立项、编号和对外通报。因此，本题的正确答案是D选项。

考点61　工程建设强制性标准实施★★★

1.根据《实施工程建设强制性标准监督规定》,属于强制性标准监督检查内容的有（　　）。

A.有关工程技术人员是否熟悉、掌握强制性标准

B.工程项目的规划、勘察、设计、施工、验收等是否符合强制性标准的规定

C.工程项目采用的材料、设备是否符合强制性标准的规定

D.有关行政部门处理重大事故是否符合强制性标准的规定

E.工程项目中采用的导则、指南、手册、计算机软件的内容是否符合强制性标准的规定

【答案】ABCE

【解析】强制性标准监督检查的内容：（1）有关工程技术人员是否熟悉、掌握强制性标准（对应A选项）；（2）工程项目的规划、勘察、设计、施工、验收等是否符合强制性标准的规定（对应B选项）；（3）工程项目采用的材料、设备是否符合强制性标准的规定（对应C选项）；（4）工程项目的安全、质量是否符合强制性标准的规定；（5）工程项目采用的导则、指南、手册、计算机软件的内容是否符合强制性标准的规定（对应E选项）。

2.工程建设标准批准部门对工程项目执行强制性标准情况进行监督检查的方式有重点检查、抽查和（　　）。

A.突击检查　　　　　　B.平行检查　　　　　　C.普查　　　　　　D.专项检查

【答案】D

【解析】工程建设标准批准部门应当对工程项目执行强制性标准情况进行监督检查。监督检查可以采取重点检查、抽查和专项检查的方式。因此，本题的正确答案是D选项。

3.根据《实施工程建设强制性标准监督规定》,对工程建设施工阶段执行施工安全强制性标准的情况实施监督的单位是（　　）。

A.建设项目规划审查机构　　　　　　B.工程质量监督机构

C.施工图设计文件审查单位　　　　　　D.建筑安全监督管理机构

【答案】D

【解析】A选项错误，建设项目规划审查机构应当对工程建设规划阶段执行强制性标准的情况实施监督。B选项错误，工程质量监督机构应当对工程建设施工、监理、验收等阶段执行强制性标准的情况实施监督。C选项错误，施工图设计文件审查单位应当对工程建设勘察、设计阶段执行强制性标准的情况实施监督。因此，本题的正确答案是D选项。

4.施工过程中，建设单位违反规定提出降低工程质量要求时，施工企业应当（　　）。

A.予以拒绝　　　　　　B.征得设计单位同意

C.征得监理单位同意　　　　　　D.与相关各方协商一致

【答案】A

【解析】建筑设计单位和建筑施工企业对建设单位违反规定提出的降低工程质量的要求，应当予以拒绝。

考点62　建设工程抗震管理制度★★★

1.《建设工程抗震管理条例》规定，实行施工总承包的，隔震减震装置属于建设工程主体结构的施工，应当由（　　）自行完成。

A.建设单位　　　　　　　　　　　B.勘察单位

C.设计单位　　　　　　　　　　　D.工程总承包单位

【答案】D

【解析】实行施工总承包的，隔震减震装置属于建设工程主体结构的施工，应当由总承包单位自行完成。因此，本题的正确答案是D选项。

2.《建设工程抗震管理条例》规定，（　　）应当对存在严重抗震安全隐患的建设工程进行安全监测，并在加固前采取停止或者限制使用等措施。

A.建设单位　　　　　　　　　　　B.建设工程所有权人

C.工程质量检测机构　　　　　　　D.施工单位

【答案】B

【解析】《建设工程抗震管理条例》规定，建设工程所有权人应当对存在严重抗震安全隐患的建设工程进行安全监测，并在加固前采取停止或者限制使用等措施。因此，本题的正确答案是B选项。

3.根据《防震减灾法》，对已经建成的未采取抗震设防措施或者抗震设防措施未达到抗震设防要求的（　　），应当采取必要的抗震加固措施。

A.医院建设工程

B.具有重要纪念意义的建设工程

C.可能发生次生灾害的建设工程

D.重大建设工程

E.地震重点监视防御区内的建设工程

【答案】ABDE

【解析】《防震减灾法》规定，已经建成的下列建设工程，未采取抗震设防措施或者抗震设防措施未达到抗震设防要求的，应当按照国家有关规定进行抗震性能鉴定，并采取必要的抗震加固措施：（1）重大建设工程（对应D选项）；（2）可能发生严重次生灾害的建设工程；（3）具有重大历史、科学、艺术价值或者重要纪念意义的建设工程（对应B选项）；（4）学校、医院等人员密集场所的建设工程（对应A选项）；（5）地震重点监视防御区内的建设工程（对应E选项）。

考点63　无障碍设施建设★★★

1.根据《无障碍环境建设法》，无障碍设施应当与主体工程（　　　）。

A.同步施工　　　　　　　　　　　　B.同步规划

C.同步验收　　　　　　　　　　　　D.同步设计

E.同步招标

【答案】ABCD

【解析】无障碍设施应当与主体工程同步规划、同步设计、同步施工、同步验收、同步交付使用，并与周边的无障碍设施有效衔接、实现贯通。无障碍设施应当设置符合标准的无障碍标识，并纳入周边环境或者建筑物内部的引导标识系统。因此，本题的正确答案是A、B、C、D选项。

2.《无障碍环境建设法》规定，工程（　　　）应当将无障碍设施建设经费纳入工程建设项目概预算。

A.建设单位　　　　B.监理单位　　　　C.设计单位　　　　D.施工单位

【答案】A

【解析】工程建设单位应当将无障碍设施建设经费纳入工程建设项目概预算。因此，本题的正确答案是A选项。

3.《无障碍环境建设法》规定，（　　　）对未按照法律、法规和无障碍设施工程建设标准开展无障碍设施验收或者验收不合格的，不予办理竣工验收备案手续。

A.工程质量检测机构　　　　　　　　B.住房和城乡建设等主管部门

C.建设工程所有权人　　　　　　　　D.施工图审查机构

【答案】B

【解析】住房和城乡建设等主管部门对未按照法律法规和无障碍设施工程建设标准开展无障碍设施验收或者验收不合格的，不予办理竣工验收备案手续。国家鼓励工程建设单位在新建、改建、扩建建设项目的规划、设计和竣工验收等环节，邀请残疾人、老年人代表以及残疾人联合会、老龄协会等组织，参加意见征询和体验试用等活动。因此，本题的正确答案是B选项。

4.《无障碍环境建设法》规定，新建、改建、扩建和具备改造条件的城市（　　　）的人行天桥和人行地下通道，应当按照无障碍设施工程建设标准，建设或者改造无障碍设施。

A.残疾人集中就读学校周边　　　　　B.主干路

C.主要商业区　　　　　　　　　　　D.大型居住区

E.残疾人集中就业单位周边

【答案】BCD

【解析】新建、改建、扩建和具备改造条件的城市主干路、主要商业区和大型居住区的人行天桥和人行地下通道，应当按照无障碍设施工程建设标准，建设或者改造无障碍设施。因此，本题的正确答案是B、C、D选项。

考点64 建设单位的质量责任和义务★★★

1.根据《建设工程质量管理条例》，必须实行监理的建设工程有（   ）。

A.国家重点建设工程
B.大中型公用事业工程
C.成片开发建设的住宅小区工程
D.限额以下的小型住宅工程
E.利用国际组织贷款的工程

【答案】ABCE

【解析】《建设工程质量管理条例》明确规定，下列建设工程必须实行监理：（1）国家重点建设工程（对应A选项）；（2）大中型公用事业工程（对应B选项）；（3）成片开发建设的住宅小区工程（对应C选项）；（4）利用外国政府或者国际组织贷款、援助资金的工程（对应E选项）；（5）国家规定必须实行监理的其他工程。

2.根据《建设工程质量管理条例》，关于建设单位办理工程质量监督手续的说法，正确的是（   ）。

A.可以在开工后持开工报告办理
B.应当与施工图设计文件同时进行
C.可以与施工许可证或者开工报告合并办理
D.应当在领取施工许可证后办理

【答案】C

【解析】《建设工程质量管理条例》规定，建设单位在开工前，应当按照国家有关规定办理工程质量监督手续，工程质量监督手续可以与施工许可证或开工报告合并办理。

3.根据《建设工程质量管理条例》，属于建设单位质量责任和义务的有（   ）。

A.设计文件应当符合国家规定的设计深度要求，注明工程合理使用年限
B.不得任意压缩合理工期
C.不得明示施工企业使用不合格的建筑材料
D.不得暗示施工企业使用不合格的建筑构配件
E.应当就审查合格的施工图设计文件向施工企业作出详细说明

【答案】BCD

【解析】A、E选项是设计单位的质量责任和义务。

考点65 勘察、设计、工程监理单位的质量责任和义务★★★

1.根据《建设工程质量管理条例》，关于设计单位权利的说法中正确的是（   ）。

A.为节约投资成本，设计单位可不依据勘察成果文件进行设计
B.设计单位有权将所承揽的工程交由资质等级更高的设计单位完成
C.有特殊要求的专用设备，设计单位可以指定生产厂商或供应商
D.设计深度由设计单位酌定

【答案】C

【解析】A选项错误,正确描述是应当根据勘察成果文件进行建设工程设计。B选项错误,正确描述是勘察设计单位不得转包或违法分包所承揽的工程。D选项错误,正确描述是设计文件应当符合国家规定的设计深度要求。

2.关于勘察、设计单位的质量责任和义务的说法,正确的是( )。

A.依法对设计文件进行技术交底　　B.依法保证使用的建筑材料等符合要求

C.依法审查施工图纸设计文件　　D.依法办理工程质量监督手续

E.依法承揽工程的勘察、设计业务

【答案】AE

【解析】勘察、设计单位的质量责任和义务包括:(1)依法承揽工程的勘察、设计业务(对应E选项);(2)勘察、设计必须执行强制性标准;(3)勘察单位提供的勘察成果必须真实、准确;(4)设计依据和设计深度;(5)依法规范设计对建筑材料等的选用;(6)依法对设计文件进行技术交底(对应A选项);(7)依法参与建设工程质量事故分析。

3.关于设计单位质量责任和义务的说法中正确的是( )。

A.设计文件中选用的建筑材料、建筑构配件和设备,应当注明规格、型号、性能等技术指标

B.不得任意压缩合理工期

C.设计单位应当就审查合格的施工图设计文件向建设单位作出详细说明

D.设计单位应当将施工图设计文件报有关部门审查

【答案】A

【解析】B选项属于建设单位的安全责任。C选项错误,应向施工单位作出详细说明。D选项错误,将施工图设计文件报有关部门审查是建设单位的安全责任。

4.关于工程监理的说法中错误的是( )。

A.未经总监理工程师签字,施工单位不得进行下一道工序的施工

B.监理合同是工程监理单位开展监理工作的依据

C.工程监理单位应当选派具备相应资格的总监理工程师和监理工程师进驻施工现场

D.监理工程师应当按照工程监理规范的要求,采取旁站、巡视和平行检验等形式,对建设工程实施监理

【答案】A

【解析】未经监理工程师签字,不得在工程上使用或安装建筑材料、构配件及设备,施工单位不得进行下一道工序的施工;未经总监理工程师签字,建设单位不拨付工程款,不进行竣工验收。

5.根据《建设工程质量管理条例》,监理工程师按照工程监理规范的要求,对建设工程实施监理的形式主要有( )。

A.抽检　　B.联合验收

C.旁站　　D.巡视

E.平行检验

【答案】CDE

【解析】监理工程师应当按照工程监理规范的要求，采取旁站、巡视和平行检验等形式，对建设工程实施监理。

考点66　对施工质量负责和总分包单位的质量责任★★★

1.建设工程总承包单位依法将建设工程分包给其他单位的，关于分包工程的质量责任承担的说法，正确的是（　　）。

A.分包工程质量责任仅由分包单位承担

B.分包工程质量责任由总承包单位和分包单位承担连带责任

C.分包工程质量责任仅由总承包单位承担

D.分包工程质量责任由总承包单位和分包单位按比例承担

【答案】B

【解析】总承包单位依法将建设工程分包给其他单位的，分包单位应当按照分包合同的约定对其分包工程的质量向总承包单位负责，总承包单位与分包单位对分包工程的质量承担连带责任。

2.甲施工总承包企业承包某工程项目，将该工程的专业工程分包给乙企业，乙企业再将专业工程的劳务作业分包给丙企业。工程完工后，上述专业工程质量出现问题。经调查，是由于丙企业施工作业不规范导致，则该专业工程的质量责任应当由（　　）。

A.甲施工总承包企业对建设单位承担责任

B.丙企业对建设单位承担责任

C.甲施工总承包企业、乙企业和丙企业对建设单位共同承担责任

D.甲施工总承包企业和乙企业对建设单位承担连带责任

【答案】D

【解析】总承包单位依法将建设工程分包给其他单位的，分包单位应当按照分包合同的约定对其分包工程的质量向总承包单位负责，总承包单位与分包单位对分包工程的质量承担连带责任。

考点67　按照工程设计图纸和施工技术标准施工★★★

1.2012年3月，某住宅小区二期工程开工建设，其中5号楼套用2008年一期工程6号楼的施工图施工。施工过程中，承包方技术人员发现图纸中套用的图集现已作废，则该技术人员正确的做法是（　　）。

A.按图施工即可，因为该图纸是经过施工图审查合格的图纸

B.按现行的图集作相应的套改后继续施工

C.向建设单位提出

D.向设计院提出,要求其更改图纸

【答案】C

【解析】施工单位必须按图施工,如有问题,可向建设单位对图纸提出意见和建议,而不能直接修改。

2.施工企业在施工过程中发现设计文件和图纸有差错的,应当(　　)。

A.继续按设计文件和图纸施工

B.及时向建设单位或监理单位提出意见和建议

C.对设计文件和图纸进行修改,按修改后的设计文件和图纸进行施工

D.对设计文件和图纸进行修改,征得设计单位同意后按修改后的设计文件和图纸进行施工

【答案】B

【解析】按图施工、不擅自修改设计,是施工单位保证工程质量的最基本要求。施工单位在施工过程中发现设计文件和图纸有差错的,有义务及时向建设单位或监理单位提出意见和建议,以免造成不必要的损失和质量问题。故本题选择B选项。

考点68　建筑材料、设备等的检验检测★★★

1.关于第三方专项检测和见证取样检测机构的法定义务中说法正确的是(　　)。

A.检测机构是行政机关下属、具有管理公共事务职能的组织

B.检测机构不得监制建筑材料、设备和构配件

C.检测机构应当将涉及结构安全检测结果的合格情况,及时报告建设主管部门

D.检测机构不得与该项目建设、施工、监理单位有隶属、利害关系

E.检测机构应当对检测结果不合格的项目建立单独的项目台账

【答案】BDE

【解析】检测机构未取得相应的资质证书,不得承担《建设工程质量检测管理办法》规定的质量检测业务,A选项错误。检测人员不得同时受聘于两个或者两个以上的检测机构。检测机构和检测人员不得推荐或者监制建筑材料、构配件和设备。检测机构不得与行政机关,法律、法规授权的具有管理公共事务职能的组织以及所检测工程项目相关的建设单位、施工单位、监理单位有隶属关系或者其他利害关系,B、D选项正确。检测机构应当将检测过程中发现的建设单位、监理单位、施工单位违反有关法律、法规和工程建设强制性标准的情况,以及涉及结构安全检测结果的不合格情况,及时报告工程所在地建设主管部门。检测机构应当建立档案管理制度,并应当单独建立检测结果不合格项目台账,C选项错误,E选项正确。

2.根据《建设工程质量检测管理办法》,关于建设工程质量检测的说法中正确的是(　　)。

A.检测机构可以监制建筑材料、构配件和设备

B.检测报告经建设工程质量监督机构确认后,由施工企业归档

C.检测结果利害关系人对检测结果发生争议的，由双方共同认可的检测机构复检

D.检测机构应当将检测过程中发现的施工企业违反工程建设强制性标准的情况，及时报告建设单位

【答案】C

【解析】A选项错误，检测机构和检测人员不得推荐或者监制建筑材料、构配件和设备。B选项错误，检测报告经建设单位或者工程监理单位确认后，由施工单位归档。D选项错误，检测机构应当将检测过程中发现的建设单位、监理单位、施工单位违反有关法律、法规和工程建设强制性标准的情况，以及涉及结构安全检测结果的不合格情况，及时报告工程所在地建设主管部门。

3.根据《房屋建筑工程和市政基础设施工程实行见证取样和送检的规定》，关于施工检测的见证取样和送检的说法，正确的是（ ）。

A.混凝土中使用的掺加剂必须实施见证取样和送检

B.见证人员应当由建设单位代表和监理单位的监理工程师共同担任

C.厕所间使用的防水材料不必实施见证取样和送检

D.取样人员应当在试样或者其包装上作出标识、封志，并由见证人员和取样人员签字

【答案】D

【解析】A选项错误，用于承重结构的混凝土中使用的掺加剂必须实施见证取样和送检。B选项错误，见证人员应由建设单位或该工程的监理单位中具备施工试验知识的专业技术人员担任。C选项错误，地下、屋面、厕浴间使用的防水材料必须实施见证取样和送检。

4.根据《房屋建筑工程和市政基础设施工程实行见证取样和送检的规定》，下列试块、试件和材料必须实施见证取样和送检的是（ ）。

A.用于拌制混凝土和砌筑砂浆的水泥　　B.用于填充墙体的砖

C.用于混凝土中使用的掺加剂　　　　　D.用于各种结构的钢筋及连接接头试件

【答案】A

【解析】下列试块、试件和材料必须实施见证取样和送检：

（1）用于承重结构的混凝土试块；

（2）用于承重墙体的砌筑砂浆试块；

（3）用于承重结构的钢筋及连接接头试件；

（4）用于承重墙的砖和混凝土小型砌块；

（5）用于拌制混凝土和砌筑砂浆的水泥（对应A选项）；

（6）用于承重结构的混凝土中使用的掺加剂；

（7）地下、屋面、厕浴间使用的防水材料；

（8）其他。

5.施工人员对涉及结构安全的试块，应当现场采样并提交检测，负责见证监督的单位是（ ）。

A.设计单位或者监理单位　　　　　　　B.监理单位或者建设单位

C.建设工程质量监督机构或者监理单位　　　D.施工图审查机构或者建设单位

【答案】B

【解析】见证取样和送检，是指在建设单位或工程监理单位人员的见证下，由施工单位的现场试验人员对工程中涉及结构安全的试块、试件和材料在现场取样，并送至具有法定资格的质量检测单位进行检测的活动。

6.施工人员对涉及结构安全的试块、试件及有关材料，应当在监理人员监督下现场取样，并送（　　）的质量检测单位进行检测。

A.具有相应资质等级　　　　　　　　　　B.建设单位许可

C.建设行业协会认可　　　　　　　　　　D.监理协会认可

【答案】A

【解析】施工人员对涉及结构安全的试块、试件以及有关材料，应当在建设单位或者工程监理单位监督下现场取样，并送具有相应资质等级的质量检测单位进行检测。

考点69　施工质量检验和返修★★★

1.根据《建设工程质量管理条例》，隐蔽工程在隐蔽前施工，企业应当及时通知的单位有（　　）。

A.勘察单位　　　　　　　　　　　　　　B.设计单位

C.建设单位　　　　　　　　　　　　　　D.安全生产监督机构

E.建设工程质量监督机构

【答案】CE

【解析】《建设工程质量管理条例》第30条规定，施工单位必须建立、健全施工质量检验制度，严格工序管理，作好隐蔽工程的质量检查和记录。隐蔽工程在隐蔽前，施工单位应当通知建设单位和建设工程质量监督机构。

2.关于建设工程返修的说法中正确的是（　　）。

A.建设工程返修不包括竣工验收不合格的情形

B.对竣工验收不合格的建设工程，若非施工企业原因造成的，施工企业不负责返修

C.对施工中出现质量问题的建设工程，无论是否由施工企业原因造成，施工企业都应负责返修

D.对竣工验收不合格的建设工程，若是由施工企业原因造成的，施工企业负责有偿返修

【答案】C

【解析】A选项错误，返修包括过程中出现质量问题和验收不合格两种情形。B选项错误，应由施工企业负责返修。D选项错误，施工企业应无偿返修。

3.关于施工企业返修义务的说法中正确的是（　　）。

A.施工企业仅对施工中出现质量问题的建设工程负责返修

B.施工企业仅对竣工验收不合格的工程负责返修

C.非施工企业原因造成的质量问题,相应的损失和返修费用由责任方承担

D.对于非施工企业原因造成的质量问题,施工企业不承担返修的义务

【答案】C

【解析】A、B选项错误,返修作为施工单位的法定义务,其返修包括施工过程中出现质量问题的建设工程和竣工验收不合格的建设工程两种情形。C选项正确,D选项错误,对于非施工单位原因造成的质量问题,施工单位也应当负责返修,但是因此而造成的损失及返修费用由责任方负责。

4.关于建设工程返修中法律责任的说法中正确的是( )。

A.因施工企业原因造成的质量问题,施工企业应当负责返修并承担费用

B.已发现的工程质量缺陷,由缺陷责任方修复

C.严重工程质量问题相关责任单位已被撤销的,不可追究项目负责人的责任

D.建设工程返修的质量问题仅指竣工验收时发现的质量问题

【答案】A

【解析】B选项错误,对已发现的质量缺陷,建筑施工企业应当修复。C选项错误,因施工人的原因致使建设工程质量不符合约定的,发包人有权要求施工人在合理期限内无偿修理或者返工、改建。D选项错误,施工单位对施工中出现质量问题的建设工程或者竣工验收不合格的建设工程,应当负责返修。

考点70 竣工验收的主体和法定条件★★★

1.根据《建设工程质量管理条例》,组织有关单位参加建设工程竣工验收的义务主体是( )。

A.施工企业   B.建设单位

C.建设行政主管部门   D.建设工程质量监督机构

【答案】B

【解析】B选项正确,对工程进行竣工检查和验收,是建设单位法定的权利和义务。建设单位收到竣工验收报告后,应及时组织有设计、施工、工程监理等有关单位参加的竣工验收,检查整个工程项目是否已按照设计要求和合同约定全部建设完成,并符合竣工验收条件。

2.建设单位在收到( )后,应当组织设计、施工、监理等有关单位进行竣工验收。

A.监理单位出具的质量评估报告   B.施工单位出具的质量保书

C.设计单位签署的质量合格文件   D.施工单位提交的建设工程竣工报告

【答案】D

【解析】D选项正确,建设单位收到建设工程竣工报告后,应当组织设计、施工、工程监理等有关单位进行竣工验收。

3.根据《建设工程质量管理条例》,建设工程竣工验收应当具备的条件有( )。

A.有完整的技术档案和施工管理资料

B.完成建设工程设计和合同约定的主体工程

C.有工程使用的主要建筑材料、建筑构配件和设备的进场试验报告

D.有施工企业签署的工程保修书

E.有设计、施工和质量监督单位分别签署的质量合格文件

【答案】ACD

【解析】建设工程竣工验收应当具备下列条件：

（1）完成建设工程设计和合同约定的各项内容（B选项错在"主体工程"）；

（2）有完整的技术档案和施工管理资料（对应A选项）；

（3）有工程使用的主要建筑材料、建筑构配件和设备的进场试验报告（对应C选项）；

（4）有勘察、设计、施工、工程监理等单位分别签署的质量合格文件（E选项错在"质量监督"单位）；

（5）有施工单位签署的工程保修书（对应D选项）。

考点71 规划、消防、节能和环保验收 ★★★

1.建设单位应当在竣工验收后，应在（　　）个月内向城乡规划主管部门报送有关竣工验收资料。

A.6　　　　　　　B.12　　　　　　　C.18　　　　　　　D.24

【答案】A

【解析】A选项正确，建设单位应当在竣工验收后6个月内向城乡规划主管部门报送有关竣工验收资料。

2.关于建设工程竣工规划验收的说法，正确的是（　　）。

A.建设工程竣工后，施工企业应当向城乡规划主管部门提出竣工规划验收申请

B.竣工规划验收合格的，由城乡规划主管部门出具规划认可文件或核发建设工程规划验收合格证

C.报送有关竣工验收材料必须在竣工后1年完成

D.未在规定时间内向城乡规划主管部门报送竣工验收材料的，责令限期补报并罚款

【答案】B

【解析】A选项错误，建设单位应当依法向城乡规划行政主管部门提出竣工规划验收申请。C选项错误，建设单位应当在竣工验收后6个月内向城乡规划主管部门报送有关竣工验收资料。D选项错误，建设单位未在建设工程竣工验收后6个月内向城乡规划主管部门报送有关竣工验收资料的，由所在地城市、县人民政府城乡规划主管部门责令限期补报；逾期不补报的，处1万元以上5万元以下的罚款。

3.关于建设工程竣工规划验收的说法，正确的是（　　）。

A.建设工程未经核实或者经核实不符合规划条件的，建设单位不得组织竣工验收

B.建设单位应当向住房城乡建设主管部门提出竣工规划验收申请

C.对于验收合格的建设工程，城乡规划行政主管部门出具建设工程规划许可证

D.建设单位应当在竣工验收后3个月内向城乡规划行政主管部门报送有关竣工验收资料

【答案】A

【解析】B选项错误,应该是向城乡规划行政主管部门提出竣工规划验收申请。C选项错误,对于验收合格的,由城乡规划行政主管部门出具规划认可文件或核发建设工程竣工规划验收合格证。D选项错误,竣工验收后6个月内向城乡规划行政主管部门报送有关竣工验收资料。

4.对于除国务院住房和城乡建设主管部门规定应当申请消防验收的工程以外的一般建设工程,其消防验收方式为( )。

A.施工单位应当向公安机关消防机构申请消防验收

B.建设单位应当先行备案后进行消防验收

C.可以不经消防验收,由公安机关消防机构进行抽查

D.建设单位在验收后应当报住房和城乡建设主管部门备案

【答案】D

【解析】D选项正确,对于除国务院住房和城乡建设主管部门规定应当申请消防验收的工程以外的一般建设工程,建设单位在验收后应当报住房和城乡建设主管部门备案,住房和城乡建设主管部门应当进行抽查。

5.根据《消防法》,关于建设工程竣工消防验收的说法中正确的是( )。

A.建设单位应当向应急管理部门申请消防验收

B.建设单位在验收后应当报主管部门审批

C.建设工程未经主管部门消防验收的,一律禁止投入使用

D.经主管部门抽查不合格的,应当停止使用

【答案】D

【解析】A选项错误,国务院住房和城乡建设主管部门规定应当申请消防验收的建设工程竣工,建设单位应当向住房和城乡建设主管部门申请消防验收。B选项错误,上述规定以外的其他建设工程,建设单位在验收后应当报住房和城乡建设主管部门备案,住房和城乡建设主管部门应当进行抽查。C选项错误,D选项正确,依法应当进行消防验收的建设工程,未经消防验收或者消防验收不合格的,禁止投入使用;其他建设工程经依法抽查不合格的,应当停止使用。

6.某医院住院部大楼工程竣工总验收前,由建设单位自行负责验收的分项工程是( )。

A.规划验收　　　　B.环保验收　　　　C.消防验收　　　　D.节能验收

【答案】D

【解析】建设单位组织竣工验收,应当对民用建筑是否符合民用建筑节能强制性标准进行查验;对不符合民用建筑节能强制性标准的,不得出具竣工验收合格报告,故D选项正确。其他工程均由相应的主管部门验收。

7.关于不符合建筑节能标准的建筑工程中说法错误的是( )。

A.不得批准开工建设　　　　　　　　　B.已开工建设的,应当责令停止施工

C.已开工建设的,应当责令限期改正　　D.已建成的,可以正常使用

【答案】D

【解析】不符合建筑节能标准的建筑工程，建设主管部门不得批准开工建设；已经开工建设的，应当责令停止施工、限期改正；已经建成的，不得销售或者使用。因此，本题应选择D选项。

8.根据《节约能源法》，关于建筑节能的说法，正确的是（　　）。

A.不符合强制性节能标准的项目，如确有必要，建设单位可以开工建设

B.国家实行固定资产投资项目节能评估和审查制度

C.不符合强制性节能标准的项目，已经建成的，可以投入使用

D.国家在新建建筑中强制使用节能建筑材料

【答案】B

【解析】A、C选项错误，不符合强制性节能标准的项目，建设单位不得开工建设；已经建成的，不得投入生产、使用。D选项错误，国家鼓励在新建建筑和既有建筑节能改造中使用新型墙体材料等节能建筑材料和节能设备，安装和使用太阳能等可再生能源利用系统。

考点72　质量保修书和最低保修期限★★★

1.工程质量保修书中应当明确建设工程的（　　）。

A.保修条件　　　　　　　　B.保修范围

C.保修期限　　　　　　　　D.保修责任

E.保修费用

【答案】BCD

【解析】建设工程承包单位在向建设单位提交工程竣工验收报告时，应当向建设单位出具质量保修书。质量保修书中应当明确建设工程的保修范围、保修期限和保修责任等。

2.根据相关法律规定，建设工程总承包单位完工后向建设单位出具质量保修书的时间为（　　）。

A.竣工验收合格后　　　　　B.提交竣工验收报告时

C.竣工验收时　　　　　　　D.交付使用时

【答案】B

【解析】建设工程承包单位在向建设单位提交工程竣工验收报告时，应当向建设单位出具质量保修书。

3.建设单位和施工企业经过平等协商确定某屋面防水工程的保修期限为3年，工程竣工验收合格移交用后的第4年屋面出现渗漏，则承担该工程维修责任的是（　　）。

A.施工单位

B.建设单位

C.使用单位

D.建设单位和施工企业协商确定

【答案】A

【解析】在正常使用条件下，建设工程的最低保修期限：（1）基础设施工程、房屋建筑的地基基础工程和主体结构工程，为设计文件规定的该工程的合理使用年限；（2）屋面防水工程、有防水要求的卫生间、房间和外墙面的防渗漏，为5年；（3）供热与供冷系统，为2个采暖期、供冷期；（4）电气管线、给排水管道、设备安装和装修工程，为2年。其他项目的保修期限由发包方与承包方约定。因为屋面防水工程的最低保修期限为5年，所以题干约定3年是无效的，第4年屋面出现渗漏，施工单位仍然应该保修。

4.关于工程保修期的说法，正确的有（　　）。

A.基础设施工程的保修期为设计文件规定的该工程合理使用年限

B.屋面防水工程的保修期为4年

C.建设工程保修期的起始日是提交竣工验收报告之日

D.保修期结束后返还质量保证金

E.在保修期内施工企业一直负有维修保修义务

【答案】AE

【解析】在正常使用条件下，建设工程的最低保修期限：（1）基础设施工程、房屋建筑的地基基础工程和主体结构工程，为设计文件规定的该工程的合理使用年限（对应A选项）；（2）屋面防水工程、有防水要求的卫生间、房间和外墙面的防渗漏，为5年。缺陷责任期内，承包人认真履行合同约定的责任，到期后，承包人向发包人申请返还保证金。《建设工程质量管理条例》规定，建设工程在保修范围和保修期限内发生质量问题的，施工单位应当履行保修义务（对应E选项），并对造成的损失承担赔偿责任。

5.某场馆工程的质量保修书的保修期限中，符合行政法规强制性规定的是（　　）。

A.主体结构工程为10年　　　　　　　　B.供热与供冷为2个采暖期、供冷期

C.屋面防水工程为3年　　　　　　　　　D.有防渗漏要求的房间和外墙为2年

【答案】B

【解析】A选项错误，正确描述为设计文件规定的该工程合理使用年限。C选项错误，正确描述是屋面防水工程为5年。D选项错误，正确描述是有防渗漏要求的房间和外墙为5年。

6.根据《建设工程质量管理条例》，建设工程保修期自（　　）之日起计算。

A.竣工验收合格　　　　　　　　　　　　B.交付费用

C.发包方支付全部价款　　　　　　　　　D.竣工验收备案

【答案】A

【解析】A选项正确，建设工程保修期的起始日是竣工验收合格之日，对于重新组织竣工验收的工程，其保修期为各方都认可的重新组织竣工验收的日期。

7.建设工程超过合理使用年限后需要继续使用的，产权所有人应当委托（　　）鉴定，并根据鉴定结果采取加固、维修等措施，重新界定使用期。

A.勘察、设计单位　　　　　　　　　　　B.监理单位

C.建筑安全监督管理机构　　　　　　　　D.工程质量监督机构

【答案】A

【解析】A选项正确，建设工程在超过合理使用年限后需要继续使用的，产权所有人应当委托具有相应资质等级的勘察、设计单位鉴定，并根据结果采取加固、维修等措施，重新界定使用期。

考点73　工程质量保证金★★★

1.由于发包人原因导致工程无法按规定期限进行竣工验收的，在承包人提交竣工验收报告90天后，工程自动进入（　　）。

A.保修期　　　　　　B.缺陷责任期　　　　　C.索赔期　　　　　　D.质量责任期

【答案】B

【解析】B选项正确，由于发包人原因导致工程无法按规定期限进行竣工验收的，在承包人提交竣工验收报告90天后，工程自动进入缺陷责任期。

2.关于工程建设缺陷责任期确定的说法，正确的有（　　）。

A.发包人导致竣工延迟的，在承包人提交竣工验收报告后进入缺陷责任期

B.缺陷责任期一般为6个月、12个月或24个月

C.发包人导致竣工延迟的，在承包人提交竣工报告后60天后，自动进入缺陷责任期

D.缺陷责任期一般从工程通过竣（交）工验收之日起计

E.承包人导致竣工延迟的，缺陷责任期从实际通过竣工验收之日起计

【答案】DE

【解析】A、C选项错误，由于发包人原因导致工程无法按规定期限进行竣（交）工验收的，在承包人提交竣（交）工验收报告90天后，工程自动进入缺陷责任期。B选项错误，缺陷责任期一般为1年，最长不超过2年，由发、承包双方在合同中约定。D选项正确，缺陷责任期从工程通过竣（交）工验收之日起计。E选项正确，由于承包人原因导致工程无法按规定期限进行竣（交）工验收的，缺陷责任期从实际通过竣（交）工验收之日起计。

3.根据《建设工程质量保证金管理办法》，全部或者部分使用政府投资的建设项目，按工程价款总额（　　）左右的比例预留保证金。

A.3%　　　　　　　　B.5%　　　　　　　　C.10%　　　　　　　　D.15%

【答案】A

【解析】A选项正确，发包人应按照合同约定方式预留保证金，保证金总预留比例不得高于工程价款结算总额的3%。合同约定由承包人以银行保函替代预留保证金的，保函金额不得高于工程价款结算总额的3%。

专题八 建设工程环境保护和历史文化遗产保护法律制度

导图框架

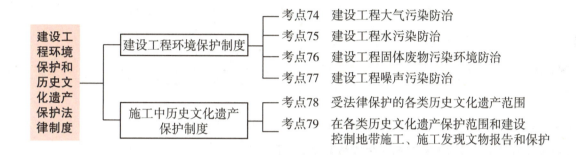

专题雷达图

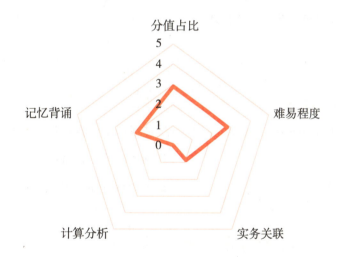

分值占比：本专题在法规考试中分值占比不高，预计5分左右。

难易程度：本专题内容中删除了施工节约能源制度的相关要求。

实务关联：本专题与实务考试相关联考点不多，主要涉及建设工程环境保护制度、施工中的历史文化遗产保护制度等。

计算分析：本专题基本不会考查计算题。

记忆背诵：在学习本专题知识时，不需要花费过多的时间和精力。

考点练习

考点74　建设工程大气污染防治★★★

1.暂时不能开工的建设用地，超过（　　）个月的，应当进行绿化、铺装或遮盖。

A.3　　　　　　　B.1　　　　　　　C.2　　　　　　　D.6

【答案】A

【解析】A选项正确，暂时不能开工的建设用地，建设单位应当对裸露地面进行覆盖；超过3个月的，应当进行绿化、铺装或者遮盖。

2.关于施工现场大气污染防治的说法，正确的有（　　）。

A.小型工程的工程造价可以不列支防治扬尘污染的费用

B.施工合同应当明确施工企业扬尘污染防治的责任

C.暂时不能开工的施工工地，施工企业应当对裸露地面进行覆盖

D.工程渣土、建筑垃圾应当进行资源化处理

E.施工工地应当公示扬尘污染防治相关信息

【答案】BDE

【解析】A选项错误，建设单位应当将防治扬尘污染的费用列入工程造价。C选项错误，暂时不能开工的建设用地，建设单位应当对裸露地面进行覆盖；超过3个月的，应当进行绿化、铺装或者遮盖。

3.编制可能对国家大气污染防治重点区域的大气环境造成严重污染的有关工业园区规划，应当（　　）。

A.办理大气污染排放许可证　　　　　　B.制定防治污染的措施

C.缴纳大气污染防治费　　　　　　　　D.依法进行环境影响评价

【答案】D

【解析】编制可能对国家大气污染防治重点区域的大气环境造成严重污染的有关工业园区、开发区、区域产业和发展等规划，应当依法进行环境影响评价，故D选项正确。

4.向大气排放污染物的，应当符合大气污染物排放标准，遵守重点大气污染物（　　）的控制要求。

A.排放区域　　　　B.排放总量　　　　C.排放峰值　　　　D.排放标准

【答案】B

【解析】向大气排放污染物的，应当符合大气污染物排放标准，遵守重点大气污染物排放总量控制要求，故B选项正确。

5.国家大气污染防治重点区域内新建、改建、扩建用煤项目的，应当（　　）。

A.实行煤炭的等量或者减量替代　　　　B.控制项目规模

C.不予批复建设　　　　　　　　　　　D.缴纳用煤项目补偿金

【答案】A

【解析】国家大气污染防治重点区域内新建、改建、扩建用煤项目的，应当实行煤炭的等量或者减量替代，故A选项正确。

6.《关于进一步加强施工工地和道路扬尘管控工作的通知》进一步细化明确了对施工现场实行封闭管理，城市范围内主要路段的施工工地应设置高度不小于（　　）的封闭围挡。

A.1.8m B.2.0m

C.2.5m D.3.0m

【答案】C

【解析】住房和城乡建设部办公厅于2019年发布了《关于进一步加强施工工地和道路扬尘管控工作的通知》，进一步细化明确了施工工地的扬尘污染防治管理：对施工现场实行封闭管理。城市范围内主要路段的施工工地应设置高度不小于2.5m的封闭围挡（对应C选项），一般路段的施工工地应设置高度不小于1.8m的封闭围挡。施工工地的封闭围挡应坚固、稳定、整洁、美观。

考点75　建设工程水污染防治★★★

1.《水污染防治法》规定，新建、改建、扩建直接或者间接向水体排放污染物的建设项目和其他水上设施，应依法进行（　　）。

A.污染检测分析 B.环境检测分析

C.水质影响评价 D.环境影响评价

【答案】D

【解析】新建、改建、扩建直接或者间接向水体排放污染物的建设项目和其他水上设施，应当依法进行环境影响评价，故D选项正确。

2.下列关于水污染防治的表述中正确的有（　　）。

A.禁止向水体排放、倾倒工业废渣、城镇垃圾和其他废弃物

B.禁止在风景名胜区设置排污口

C.禁止向水体排放油类、酸液、碱液或者剧毒废液

D.禁止在湖泊最高水位线以上的滩地存贮固体废弃物

E.禁止在水体清洗装贮过油类或者有毒污染物的车辆和容器

【答案】ACE

【解析】B选项错误，在风景名胜区不得新建排污口。D选项错误，应为禁止在湖泊最高水位线以下的滩地存贮固体废弃物。

考点76　建设工程固体废物污染环境防治★★★

1.所谓环境保护"三同时"制度，就是指建设项目需要配套建设的环境污染保护设施，必须与主体工程（　　）。

A.同时设计　　　　　　　　　　B.同时规划

C.同时施工　　　　　　　　　　D.同时投产使用

E.同时维修

【答案】ACD

【解析】建设项目的环境噪声污染防治设施必须与主体工程同时设计、同时施工、同时投产使用，A、C、D选项正确。

考点77　建设工程噪声污染防治★★★

1.建设项目中防治污染的设施，必须与主体工程同时（　　）。

A.立项　　　　　　　　　　　　B.竣工

C.设计　　　　　　　　　　　　D.施工

E.投入使用

【答案】CDE

【解析】建设项目中防治污染的设施，必须与主体工程同时设计、同时施工、同时投产使用。防治污染的设施必须经原审批环境影响报告书的环境保护行政主管部门验收合格后，该建设项目方可投入生产或者使用。因此本题C、D、E选项正确。

2.某施工单位在某学院教学楼扩建项目施工中，由于特殊需要，拟在夜间进行连续施工作业，根据《噪声污染防治法》的规定，必须（　　）后方可进行。

A.取得建设单位同意　　　　　　B.取得县级以上人民政府或有关主管部门的证明

C.征得附近居民同意　　　　　　D.公告附近居民

E.征得城管部门同意

【答案】BD

【解析】在城市市区噪声敏感建筑物集中的区域内，因特殊需要必须连续作业的，必须有县级以上人民政府或者其有关主管部门的证明，并公告附近居民，故B、D选项正确。

3.关于施工现场环境噪声污染的防治，说法正确的是（　　）。

A.禁止夜间进行一切建筑施工作业

B.因特殊需要必须连续作业的，必须有县级以上地方人民政府建设行政主管部门的证明

C.因特殊需要必须连续作业的，必须事先告知附近居民并获得其同意

D.禁止夜间进行产生环境噪声污染的建筑施工作业，但因特殊需要必须连续作业的除外

【答案】D

【解析】在城市市区噪声敏感建筑物集中区域内，禁止夜间进行产生环境噪声污染的建筑施工作业，但抢修、抢险作业和因生产工艺上要求或者特殊需要必须连续作业的除外，D选项正确。

4.建设项目在投入生产或者使用之前，（　　）应当对配套建设的噪声污染防治设施进行验收，编制验收报告，并向社会公开。

A.监理单位　　　　B.施工单位　　　　C.生态环境主管部门　　　　D.建设单位

【答案】D

【解析】建设项目在投入生产或者使用之前，建设单位应当依照有关法律法规的规定，对配套建设的噪声污染防治设施进行验收，编制验收报告，并向社会公开。未经验收或者验收不合格的，该建设项目不得投入生产或者使用，故D选项正确。

考点78　受法律保护的各类历史文化遗产范围★★★

1.根据《文物保护法》，受国家保护的文物是（　　）。

A.反映历史上各民族社会制度的代表性实物　　　　B.古建筑

C.近代史迹　　　　D.历史上工艺美术品

【答案】A

【解析】在中华人民共和国境内，下列文物受国家保护：（1）具有历史、艺术、科学价值的古文化遗址、古墓葬、古建筑、石窟寺和石刻、壁画；（2）与重大历史事件、革命运动或者著名人物有关的以及具有重要纪念意义、教育意义或者史料价值的近代现代重要史迹、实物、代表性建筑；（3）历史上各时代珍贵的艺术品、工艺美术品；（4）历史上各时代重要的文献资料以及具有历史、艺术、科学价值的手稿和图书资料等；（5）反映历史上各时代、各民族社会制度、社会生产、社会生活的代表性实物。因此，A选项正确。

2.关于受国家保护的文物范围的说法，正确的是（　　）。

A.古人类化石属于受国家保护的文物

B.石刻、壁画受国家保护

C.具有科学价值的古脊椎动物化石同文物一样受国家保护

D.反映历史上某时代社会生产的艺术品受国家保护

【答案】C

【解析】在中华人民共和国境内，下列文物受国家保护：（1）具有历史、艺术、科学价值的古文化遗址、古墓葬、古建筑、石窟寺和石刻、壁画；（2）与重大历史事件、革命运动或者著名人物有关的以及具有重要纪念意义、教育意义或者史料价值的近代现代重要史迹、实物、代表性建筑；（3）历史上各时代珍贵的艺术品、工艺美术品；（4）历史上各时代重要的文献资料以及具有历史、艺术、科学价值的手稿和图书资

料等；(5)反映历史上各时代、各民族社会制度、社会生产、社会生活的代表性实物。C选项正确，具有科学价值的古脊椎动物化石和古人类化石同文物一样受国家保护。A选项错误，正确描述是具有科学价值的。B选项错误，正确描述是具有历史、艺术、科学价值的。D选项错误，正确描述是代表性实物。

3.在中华人民共和国境内，受国家保护的文物有（　　）。

A.与著名人物相关的现代重要史迹　　　B.历史上各种时代珍贵的艺术品

C.近代代表性建筑　　　D.古墓葬和古建筑

E.反映历史上各时代、各民族社会制度的代表性实物

【答案】ABE

【解析】在中华人民共和国境内，下列文物受国家保护：(1)具有历史、艺术、科学价值的古文化遗址、古墓葬、古建筑、石窟寺和石刻、壁画；(2)与重大历史事件、革命运动或者著名人物有关的以及具有重要纪念意义、教育意义或者史料价值的近代现代重要史迹、实物、代表性建筑（对应A选项）；(3)历史上各时代珍贵的艺术品、工艺美术品（对应B选项）；(4)历史上各时代重要的文献资料以及具有历史、艺术、科学价值的手稿和图书资料等；(5)反映历史上各时代、各民族社会制度、社会生产、社会生活的代表性实物（对应E选项）。C选项对应(2)但缺乏定语；D选项对应(1)但缺乏定语。

4.根据《文物保护法》，下列文物中不属于国家所有的是（　　）。

A.遗存于中国领海起源于外国的文物　　　B.古文化遗址、古墓葬

C.某公民收藏的古玩字画　　　D.国有企业收藏的文物

【答案】C

【解析】A选项，遗存于中国内水、领海内的一切起源于中国的、起源国不明的和起源于外国的文物，属于国家所有，国家对其行使管辖权。B选项，古文化遗址、古墓葬、石窟寺属于国家所有。D选项，国有文物收藏单位以及其他国家机关、部队和国有企业、事业组织等收藏、保管的文物属于国家所有。因此本题选择C选项。

考点79　在各类历史文化遗产保护范围和建设控制地带施工、施工发现文物报告和保护★★★

1.关于在文物保护单位和建设控制地带施工的规定中说法错误的是（　　）。

A.不涉及建筑活动的文物保护单位的修缮、迁移、重建，应当由取得文物行政主管部门发给的相应等级的文物保护工程资质证书的单位承担

B.申领文物保护工程资质证书，应当向省、自治区、直辖市人民政府文物行政主管部门或者国务院文物行政主管部门提出申请

C.在历史文化名城、名镇、名村保护范围内禁止进行开山、采石、开矿等破坏传统格局和历史风貌的活动

D.在全国重点文物保护单位的保护范围内进行其他建设工程或者爆破、钻探、挖掘等作业的，必须经

省、自治区、直辖市人民政府批准，在批准前应当征得国务院建设行政主管部门同意

【答案】D

【解析】在全国重点文物保护单位的保护范围内进行其他建设工程或者爆破、钻探、挖掘等作业的，必须经省、自治区、直辖市人民政府批准，在批准前应当征得国务院文物行政部门同意，故本题选择D选项。

2.在文物保护单位的保护范围之外，划定的为保护文物单位的安全、环境、历史风貌对建设项目加以限制的区域，称为（　　）。

A.建设控制地带　　　B.文物保护范围　　　C.城市紫线　　　D.城市黄线

【答案】A

【解析】文物保护单位的建设控制地带，是指在文物保护单位的保护范围之外，划定的为保护文物单位的安全、环境、历史风貌对建设项目加以限制的区域，故A选项正确。

3.关于在文物保护单位保护范围和建设控制地带内从事建设活动的说法，正确的是（　　）。

A.文物保护单位的保护范围及其周边的一定区域不得进行爆破作业

B.在全国重点文物保护单位的保护范围内进行爆破作业，必须经国务院批准

C.因特殊情况需要在文物保护单位的保护范围内进行爆破作业，应经核定公布该文物保护单位的人民政府批准

D.在省、自治区、直辖市重点文物保护单位的保护范围内进行爆破作业的，必须经国务院文物行政部门批准

【答案】C

【解析】文物保护单位的保护范围内不得进行其他建设工程或者爆破、钻探、挖掘等作业。但是，因特殊情况需要在文物保护单位的保护范围内进行其他建设工程或者爆破、钻探、挖掘等作业的，必须保证文物保护单位的安全，并经核定公布该文物保护单位的人民政府批准，在批准前应当征得上一级人民政府文物行政部门同意，故C选项正确。在全国重点文物保护单位的保护范围内进行其他建设工程或者爆破、钻探、挖掘等作业的，必须经省、自治区、直辖市人民政府批准，在批准前应当征得国务院文物行政部门同意。

4.在文物保护单位的建设控制地带内进行建设工程，工程设计方案应当根据（　　）的级别，经相应的文物行政部门同意后，报城乡建设规划部门批准。

A.文物保护单位　　B.建设单位　　C.施工单位　　D.设计单位

【答案】A

【解析】在文物保护单位的建设控制地带内进行建设工程，不得破坏文物保护单位的历史风貌；工程设计方案应当根据文物保护单位的级别，经相应的文物行政部门同意后，报城乡建设规划部门批准，故A选项正确。

5.关于在文物保护单位和建设控制地带内从事建设活动的说法，正确的是（　　）。

A.文物保护单位的保护范围内及其周边的一定区域不得进行挖掘作业

B.在全国重点文物保护单位的保护范围内进行挖掘作业，必须经国务院批准

C.在省、自治区、直辖市重点文物保护单位的保护范围内进行挖掘作业的，必须经国务院文物行政主管部门同意

D.因特殊需要在文物保护单位的保护范围内进行挖掘作业的,应经核定公布该文物保护单位的人民政府批准,并在批准前征得上一级人民政府文物行政部门同意

【答案】D

【解析】A选项错误,有特殊情况的除外。B选项错误,必须经省级人民政府批准。C选项错误,前面的范围有误,全国重点文物保护单位的保护范围内的挖掘作业,应当先征得国务院文物行政部门同意,之后还必须经省、自治区、直辖市人民政府的批准。

6.进行大型基本建设工程,建设单位应当事先报请(　　)组织从事考古发掘的单位在工程范围内有可能埋藏文物的地方进行考古调查、勘探。

A.省、自治区、直辖市人民政府文物行政部门

B.省、自治区、直辖市人民政府文物保护部门

C.省、自治区、直辖市人民政府行政主管部门

D.省、自治区、直辖市人民政府环境保护部门

【答案】A

【解析】进行大型基本建设工程,建设单位应当事先报请省、自治区、直辖市人民政府文物行政部门组织从事考古发掘的单位在工程范围内有可能埋藏文物的地方进行考古调查、勘探,故A选项正确。

7.关于施工中发现文物的报告和保护的说法,正确的是(　　)。

A.发现人应当在12小时内报告当地文物行政部门

B.文物行政部门接到报告后,应当在48小时内赶赴现场

C.文物行政部门应当在10日内提出处理意见

D.任何单位或者个人发现文物,应当保护现场

【答案】D

【解析】A选项错误,发现后要立即报告当地文物行政部门。B选项错误,文物行政部门接到报告后,应当在24小时内赶赴现场。C选项错误,文物行政部门应当在7日内提出处理意见。

8.建设工程施工或者农业生产中,任何单位或者个人发现文物,应当保护现场,立即报告当地文物行政部门。文物行政部门接到报告后,应当在24小时内赶赴现场,并在(　　)日内提出处理意见。

A.5　　　　　　　B.7　　　　　　　C.10　　　　　　　D.15

【答案】B

【解析】建设工程施工或者农业生产中,任何单位或者个人发现文物,应当保护现场,立即报告当地文物行政部门。文物行政部门接到报告后,如无特殊情况,应当在24小时内赶赴现场,并在7日内提出处理意见,故B选项正确。

专题九 建设工程劳动保障法律制度

导图框架

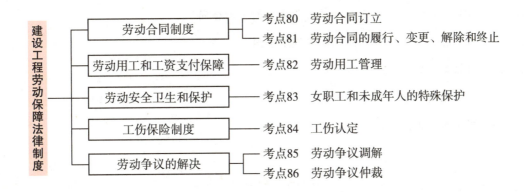

专题雷达图

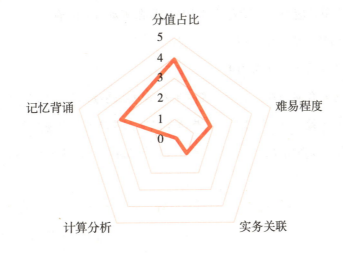

分值占比：本专题在法规考试中分值占比较高，预计10分左右。

难易程度：本专题从原本的一个小节扩充为一个专题，内容更加丰富。

实务关联：本专题与实务考试相关联考点不多，主要涉及劳动合同制度、劳动用工和工资支付保障、劳动安全卫生和保护、工伤保险制度、劳动争议的解决等。

计算分析：本专题基本不会考查计算题。

记忆背诵：在学习本专题知识时，要能与生活关联，举一反三，理解相关内容。

考点练习

考点80　劳动合同订立★★★

1.用人单位应当向劳动者按月支付2倍工资的情形包括（　　）。

A.自用工之日超过1个月不满1年，未与劳动者订立书面劳动合同

B.符合法定条件时，拒绝与劳动者订立无固定期限合同

C.拖欠劳动者工作报酬

D.法定节假日安排劳动者加班

E.违法与劳动者解除或终止劳动合同

【答案】AB

【解析】用人单位自用工之日起超过1个月不满1年未与劳动者订立书面劳动合同的，应当向劳动者每月支付2倍的工资。用人单位违反规定不与劳动者订立无固定期限劳动合同的，自应当订立无固定期限劳动合同之日起向劳动者每月支付2倍的工资。因此，A、B选项正确。

2.在下列选项中，用人单位应当与劳动者签订无固定期限劳动合同的有（　　）。

A.劳动者在用人单位已经连续工作满8年

B.劳动者在用人单位已经连续工作满10年

C.用人单位初次实行劳动合同制度，劳动者在该用人单位已连续工作满10年

D.用人单位与劳动者已连续订立2次固定期限劳动合同，但劳动者严重违反单位制度

E.用人单位初次实行劳动合同制度，劳动者在该用人单位已连续工作满10年且距法定退休年龄不足10年

【答案】BE

【解析】有下列情形之一，劳动者提出或者同意续订、订立劳动合同的，除劳动者提出订立固定期限劳动合同外，应当订立无固定期限劳动合同：（1）劳动者在该用人单位连续工作满10年的（对应B选项）；（2）用人单位初次实行劳动合同制度或者国有企业改制重新订立劳动合同时，劳动者在该用人单位连续工作满10年且距法定退休年龄不足10年的（对应E选项）；（3）连续订立两次固定期限劳动合同，且劳动者没有《劳动合同法》第39条和第40条第1项、第2项规定的情形，续订劳动合同的。需要注意的是，用人单位自用工之日起满1年不与劳动者订立书面劳动合同的，则视为用人单位与劳动者已订立无固定期限劳动合同。

3.下列某建筑公司的工作人员中有权要求公司签订无固定期限劳动合同的是（　　）。

A.在公司连续工作满8年的张某

B.到公司工作2年，并被董事会任命为总经理的王某

C.在公司累计工作了10年，但期间曾离开过公司的赵某

D.与公司已经连续订立两次固定期限劳动合同，但因工伤不能从事原工作的李某

【答案】D

【解析】订立无固定期限劳动合同的条件：（1）劳动者在该用人单位连续工作满10年的；（2）用人单位初次实行劳动合同制度或者国有企业改制重新订立劳动合同时，劳动者在该用人单位连续工作满10年且距法定退休年龄不足10年的；（3）连续订立两次固定期限劳动合同，且没有《劳动合同法》第39条和40条第1项、第2项规定的情形，续订劳动合同的。故D选项正确。用人单位自用工之日起满1年不与劳动者订立书面劳动合同的，则视为用人单位与劳动者已订立无固定期限劳动合同。

4.在下列情形中，劳动者提出或者同意续订、订立劳动合同的，除劳动者提出订立无固定期限劳动合同外，用人单位应当与劳动者订立无固定期限劳动合同的有（　　）。

A.优秀员工乙连续2次与某施工企业订立期限为2年的劳动合同，续订劳动合同的，且没有《劳动合同法》规定的特殊情形

B.丁应聘时要求订立无固定期限劳动合同的

C.用人单位未及时缴纳社会保险，戊要求订立无固定期限劳动合同的

D.甲在某施工企业连续工作超过10年的

E.用人单位初次实行劳动合同制度时，丙在该用人单位连续工作满10年且距法定退休年龄不足10年的

【答案】ADE

【解析】应当订立无固定期限劳动合同的情形：（1）劳动者在该用人单位连续工作满10年的（对应D选项）；（2）用人单位初次实行劳动合同制度或者国有企业改制重新订立劳动合同时，劳动者在该用人单位连续工作满10年且距法定退休年龄不足10年的（对应E选项）；（3）连续订立两次固定期限劳动合同，且劳动者没有《劳动合同法》第39条和第40条第1项、第2项规定的情形，续订劳动合同的（对应A选项）。

5.根据《劳动合同法》，用人单位与劳动者已建立劳动关系，未同时订立书面劳动合同的，应当自用工之日起（　　）内订立书面劳动合同。

A.1个月　　　　　　　　　　B.2个月

C.3个月　　　　　　　　　　D.半年

【答案】A

【解析】《劳动合同法》规定，建立劳动关系，应当订立书面劳动合同。已建立劳动关系，未同时订立书面劳动合同的，应当自用工之日起1个月内订立书面劳动合同。

6.下列合同条款中属于劳动合同必备条款的是（　　）。

A.试用期　　　　　　　　　　B.报酬

C.保守商业秘密　　　　　　　D.福利待遇

【答案】B

【解析】劳动合同应当具备以下条款：（1）用人单位的名称、住所和法定代表人或者主要负责人；（2）劳动者的姓名、住址和居民身份证或者其他有效身份证件号码；（3）劳动合同期限；（4）工作和工作地点；（5）工

作时间和休息休假；（6）劳动报酬（对应B选项）；（7）社会保险；（8）劳动保护、劳动条件和职业危害防护；（9）法律、法规规定应当纳入劳动合同的其他事项。

7.关于劳动试用期的表述中，不正确的是（　　）。

A.同一用人单位与同一劳动者只能约定1次试用期

B.劳动合同期限3个月以上不满1年的，试用期不得超过1个月

C.劳动合同期限1年以上不满3年的，试用期不得超过2个月

D.3年以上固定期限和无固定期限的劳动合同，试用期不得超过3个月

【答案】D

【解析】劳动合同期限3个月以上不满1年的，试用期不得超过1个月；劳动合同期限1年以上不满3年的，试用期不得超过2个月；3年以上固定期限和无固定期限的劳动合同，试用期不得超过6个月。

考点81　劳动合同的履行、变更、解除和终止★★★

1.甲施工企业与乙施工企业合并，则原来甲的员工与甲签订的劳动合同（　　）。

A.效力待定　　　　　　　　B.自动解除

C.失效　　　　　　　　　　D.继续有效

【答案】D

【解析】用人单位发生合并或分立等情况，原劳动合同继续有效，劳动合同由继承其权利和义务的用人单位继续履行。

2.用人单位的下列事项发生变更，不影响劳动合同履行的有（　　）。

A.名称变更　　　　　　　　B.投资人变更

C.财务负责人变更　　　　　D.法定代表人变更

E.劳动合同期限变更

【答案】ABCD

【解析】用人单位如果变更名称（对应A选项）、法定代表人（对应D选项）、主要负责人（对应C选项）或者投资人（对应B选项）等事项，不影响劳动合同的履行。

3.下列情形中，用人单位可以解除劳动合同的是（　　）。

A.职工患病

B.女职工在孕期内

C.女职工在哺乳期内

D.在试用期间被证明不符合录用条件

【答案】D

【解析】劳动者有下列情形之一的，用人单位可以解除劳动合同：（1）在试用期间被证明不符合录用条

件的（对应D选项）；（2）严重违反用人单位的规章制度的；（3）严重失职，营私舞弊，给用人单位造成重大损害的；（4）劳动者同时与其他用人单位建立劳动关系，对完成本单位的工作任务造成严重影响，或者经用人单位提出，拒不改正的；（5）因《劳动合同法》第26条第1款第1项规定的情形（以欺诈、胁迫的手段或乘人之危，使对方在违背真实意思的情况下订立或者变更劳动合同的）致使劳动合同无效的；（6）被依法追究刑事责任的。

4.用人单位拖欠或者未足额支付劳动报酬的，劳动者可以直接依法向当地人民法院（　　）。

A.起诉　　　　　　　　　　　　B.申请支付令

C.申请劳动仲裁　　　　　　　　D.申请强制执行

【答案】B

【解析】用人单位拖欠或者未足额支付劳动报酬的，劳动者可以依法向当地人民法院申请支付令，人民法院应当依法发出支付令，故B选项正确。

5.根据《劳动合同法》，下列情形中能引起劳动合同终止的是（　　）。

A.劳动者开始依法享受社会保险待遇的

B.用人单位破产重整的

C.以完成一定工作任务为期限的劳动合同，工作任务完成的

D.用人单位被吊销资质证书的

【答案】C

【解析】《劳动合同法》第44条规定，有下列情形之一的，劳动合同终止：（1）劳动合同期满的；（2）劳动者开始依法享受基本养老保险待遇的；（3）劳动者死亡，或者被人民法院宣告死亡或者宣告失踪的；（4）用人单位被依法宣告破产的；（5）用人单位被吊销营业执照、责令关闭、撤销或者用人单位决定提前解散的；（6）法律、行政法规规定的其他情形。C选项正确，对应（1）。

6.小王在某建筑工程公司上班并签订了一份劳动合同。根据我国《劳动法》的规定，下列情形中，小王可以随时解除与公司的劳动合同的有（　　）。

A.建筑公司拖欠小王4个月工资

B.小王向公司请假探亲，公司没有同意

C.公司一直未给小王缴纳社会保险费

D.公司强令小王冒险作业，危及小王人身安全

E.小王处于试用期阶段

【答案】ACD

【解析】用人单位有下列情形之一的，劳动者可以解除劳动合同：（1）未按照劳动合同约定提供劳动保护或者劳动条件的；（2）未及时足额支付劳动报酬的（对应A选项）；（3）未依法为劳动者缴纳社会保险费的（对应C选项）；（4）用人单位的规章制度违反法律、法规的规定，损害劳动者权益的（对应D选项）；（5）因《劳动合同法》第26条规定的情形致使劳动合同无效的；（6）法律、行政法规规定劳动者可以解除

劳动合同的其他情形。

7.甲与某施工企业于2018年6月1日签订了3年的劳动合同，其中约定试用期3个月，次日合同开始履行。2018年10月12日，甲拟解除劳动合同，则（　　）。

A.必须取得用人单位同意

B.口头通知用人单位即可

C.应当提前30日以书面形式通知用人单位

D.应当报请劳动行政主管部门同意以后书面形式通知用人单位

【答案】C

【解析】劳动者提前30日以书面形式通知用人单位，可以解除劳动合同。劳动者在试用期内提前3日通知用人单位，可以解除劳动合同。

考点82　劳动用工管理★★★

1.劳务派遣单位的职工在用工单位工作期间因工伤亡的，（　　）为承担工伤保险责任的单位。

A.用工单位

B.劳务派遣单位

C.工伤保险机构

D.被派遣者资格证书挂靠单位

【答案】B

【解析】劳务派遣单位派遣的职工在用工单位工作期间因工伤亡的，派遣单位为承担工伤保险责任的单位，故B选项正确。

2.劳务派遣一般在（　　）工作岗位上实施。

A.临时性　　　　　　　　　B.复杂性

C.辅助性　　　　　　　　　D.替代性

E.技术性

【答案】ACD

【解析】劳务派遣一般在临时性、辅助性或者替代性的工作岗位上实施。

3.根据《劳动合同法》，在劳务派遣用工方式中，订立劳务派遣协议的主体是（　　）。

A.派遣单位与用工单位　　　　B.用工单位与劳动者

C.用工单位与当地人民政府　　D.派遣单位与劳动者

【答案】A

【解析】劳务派遣单位派遣劳动者应当与接受以劳务派遣形式用工的单位订立劳务派遣协议，故A选项正确。

4.甲施工企业与乙劳务派遣公司订立劳务派遣协议，由乙向甲派遣员工丁某，关于该用工关系的说法，正确的是（　　）。

A.丁某工作时因工受伤，甲应当申请工伤认定

B.在派遣期间，甲被宣告破产，可以将丁某退回乙

C.乙应当对丁某进行工作岗位所必需的培训

D.在派遣期间，丁某被退回的，乙不再向其支付劳动报酬

【答案】B

【解析】A选项错误，乙是劳务派遣公司，由乙申请工伤认定。C选项错误，甲应当进行岗位所需的培训。D选项错误，应当按照不低于最低工资标准，按月支付报酬。

5.关于劳动合同与劳务派遣协议的表述中，不正确的是（　　）。

A.劳务派遣单位与被派遣劳动者应当订立劳动合同

B.劳务派遣单位应当与被派遣劳动者订立2年以上的固定期限劳动合同，按月支付劳动报酬

C.被派遣劳动者在无工作期间，劳务派遣单位应当按照所在地人民政府规定的最低工资标准，向其按月支付报酬

D.劳务派遣单位派遣劳动者无须与接受以劳务派遣形式用工的单位订立劳务派遣协议

【答案】D

【解析】劳务派遣单位派遣劳动者应当与接受以劳务派遣形式用工的单位订立劳务派遣协议，D选项错误。

考点83　女职工和未成年工的特殊保护★★★

1.30岁女工王某已经怀孕5个月，可以对其进行的工作安排是（　　）。

A.安排其从事孕期禁忌从事的劳动

B.安排其从事矿山井下、国家规定的第四级体力劳动强度的劳动

C.安排其延长工作时间和夜班劳动

D.安排其从事国家规定的第三级体力劳动强度的劳动

【答案】C

【解析】《劳动法》规定，禁止安排女职工从事矿山井下、国家规定的第四级体力劳动强度的劳动和其他禁忌从事的劳动。不得安排妇女在怀孕期间从事国家规定的第三级体力劳动强度的劳动以及其他孕妇禁忌从事的活动。禁止安排怀孕7个月以上的女职工，延长工作时间和夜班劳动，C选项正确。

2.关于女职工特殊劳动保护的说法，正确的是（　　）。

A.不得安排女职工从事国家规定的第三级体力劳动强度的劳动

B.禁止安排女职工从事高处、低温、冷水作业

C.用人单位应当对女职工定期进行健康检查

D.女职工怀孕6个月的,可以安排夜班工作

【答案】D

【解析】A选项错误,女职工在经期、产期、哺乳期,不得安排其从事国家规定的第三级体力劳动强度的劳动;非经期、产期、哺乳期,不得安排女职工从事国家规定的第四级体力劳动强度的劳动。B选项错误,不得安排女职工在经期从事高处、低温、冷水作业和国家规定的第三级体力劳动强度的劳动。C选项错误,用人单位应当对未成年工定期进行健康检查。

3.某女职工与用人单位订立劳动合同从事后勤工作,约定劳动合同期限为2年。关于该女职工权益保护的说法,正确的是(   )。

A.公司应当定期安排女职工进行健康检查

B.若该女职工哺乳的孩子已满18个月,公司可以安排夜班劳动

C.公司可以安排该女职工在经期从事国家规定的第三级体力劳动强度的劳动

D.若该女职工已怀孕5个月,公司不得安排夜班劳动

【答案】B

【解析】A选项错误,定期健康检查针对未成年工。C选项错误,不得安排女职工在经期从事高处、低温、冷水作业和国家规定的第三级体力劳动强度的劳动。D选项错误,对怀孕7个月以上的女职工,不得安排其延长工作时间和夜班劳动。

4.根据《劳动法》,关于妇女、未成年人劳动保护的说法中正确的有(   )。

A.企业应当为未成年工定期进行健康检查

B.企业不得聘用未满18周岁的未成年人

C.企业不得安排未成年人从事有毒有害的劳动

D.企业不得安排妇女从事高处、低温、冷水作业

E.企业不得安排妇女从事国家规定的第四级体力劳动强度的劳动

【答案】ACE

【解析】B选项错误,《劳动法》规定,禁止用人单位招用未满16周岁的未成年人。D选项错误,不得安排女职工在经期从事高处、低温、冷水作业和国家规定的第三级体力劳动强度的劳动。

5.关于未成年工劳动保护的说法中正确的有(   )。

A.用人单位不得安排未成年工从事建设工程施工的劳动

B.用人单位禁止安排未成年工从事夜班工作

C.用人单位不得安排未成年工从事矿山井下的劳动

D.用人单位应当对未成年工定期进行健康检查

E.用人单位不得安排未成年工从事国家规定的第四级体力劳动强度的劳动

【答案】BCDE

【解析】C、E选项正确，不得安排未成年工从事矿山井下、有毒有害、国家规定的第四级体力劳动强度的劳动和其他禁忌从事的劳动。B选项正确，一般情况下，对未成年工实行缩短工作时间，禁止安排未成年工从事夜班工作和加班加点工作。D选项正确，用人单位应按要求对未成年工定期进行健康检查。

考点84 工伤认定★★★

1.根据《工伤保险条例》，建筑施工企业职工有下列情况可以认定为工伤的有（　　）。

A.在施工时间、施工现场，酗酒后受伤

B.在施工时间、施工现场，斗殴受伤

C.患职业病

D.上下班途中，因本人主要责任的交通事故受伤

【答案】C

【解析】A、B选项错误，所述情形不得认定为工伤。D选项错误，非本人主要责任才会认定为工伤。

2.根据《工伤保险条例》，不能认定为工伤的情形是（　　）。

A.在上班途中遭遇本人负主要责任的交通事故致本人受到伤害的

B.患职业病的

C.因工外出期间，由于工作原因发生事故下落不明的

D.高空作业摔落损伤的

【答案】A

【解析】职工有下列情形之一的，应当认定为工伤：（1）在工作时间和工作场所内，因工作原因受到事故伤害的；（2）工作时间前后在工作场所内，从事与工作有关的预备性或者收尾性工作受到事故伤害的；（3）在工作时间和工作场所内，因履行工作职责受到暴力等意外伤害的；（4）患职业病的；（5）因工外出期间，由于工作原因受到伤害或者发生事故下落不明的；（6）在上下班途中，受到非本人主要责任的交通事故或者城市轨道交通、客运轮渡、火车事故伤害的；（7）法律、行政法规规定应当认定为工伤的其他情形。A选项对应（6），问题在"本人负主要责任"，如果是"非本人主要责任"，则可以认定为工伤。B选项对应（4）；C选项对应（5）；D选项对应（1）。

3.下列情形中应当视同为工伤的情形是（　　）。

A.在工作时间和工作场所内，因工作原因受到事故伤害的

B.在工作时间和工作岗位突发疾病，并在48小时内经抢救无效死亡的

C.因工外出期间，由于工作原因受到伤害或者发生事故下落不明的

D.在上下班途中，受到非本人主要责任的交通事故或者城市轨道交通、客运轮渡、火车事故伤害的

【答案】B

【解析】职工有下列情形之一的，视同工伤：（1）在工作时间和工作岗位，突发疾病死亡或者在48小

时之内经抢救无效死亡的（对应B选项）；（2）在抢险救灾等维护国家利益、公共利益活动中受到伤害的；（3）职工原在军队服役，因战、因公负伤致残，已取得革命伤残军人证，到用人单位后旧伤复发的。

4.职工的下列情形中，不得认定为工伤的是（　　）。

A.在工作时间和工作场所内，因工作原因受到事故伤害的

B.工作时间之前在工作场所内，从事与工作有关的预备性工作受到事故伤害的

C.在工作时间和工作场所内，自残的

D.在工作时间和工作场所内，因履行工作职责受到暴力等意外伤害的

【答案】C

【解析】下列情形之一的，不得认定为工伤或者视同工伤：（1）故意犯罪的；（2）醉酒或者吸毒的；（3）自残或者自杀的（对应C选项）。

5.根据《工伤保险条例》，建筑施工企业职工有下列情况可以认定为工伤的有（　　）。

A.出差途中，由于工作原因遭遇车祸受伤

B.在施工现场斗殴受伤

C.在施工现场因工作原因受到事故伤害

D.施工期间醉酒坠落致残

E.在办公场所内因劳资纠纷自杀

【答案】AC

【解析】A选项正确，因工外出期间，由于工作原因受到伤害或者发生事故下落不明的，应当认定为工伤。B选项错误，故意犯罪的，不得认定为工伤。C选项正确，在工作时间和工作场所内，因工作原因受到事故伤害的，应当认定为工伤。D选项错误，醉酒或者吸毒的，不得认定为工伤。E选项错误，自残或者自杀的，不得认定为工伤。

6.下列选项中不可以认定为工伤的是（　　）。

A.李某在工作时间和工作场所内，因履行工作职责受到暴力伤害

B.王某在工作时间和工作岗位，因突发疾病死亡

C.由于工作环境及职业问题，宋某患上职业病

D.张某在工作时间醉酒并进行工作，导致身体受伤

【答案】D

【解析】职工有下列情形之一的，应当认定为工伤：（1）在工作时间和工作场所内，因工作原因受到事故伤害的；（2）工作时间前后在工作场所内，从事与工作有关的预备性或者收尾性工作受到事故伤害的；（3）在工作时间和工作场所内，因履行工作职责受到暴力等意外伤害的；（4）患职业病的；（5）因工外出期间，由于工作原因受到伤害或者发生事故下落不明的；（6）在上下班途中，受到非本人主要责任的交通事故或者城市轨道交通、客运轮渡、火车事故伤害的；（7）法律、行政法规规定应当认定为工伤的其他情形；（8）在工作时间和工作岗位，突发疾病死亡或者在48小时之内经抢救无效死亡的；（9）在抢险救灾等维护

国家利益、公共利益活动中受到伤害的；（10）职工原在军队服役，因战、因公负伤致残，已取得革命伤残军人证，到用人单位后旧伤复发的。有下列情形之一的，不得认定为工伤或者视同工伤：（1）故意犯罪的；（2）醉酒或者吸毒的（对应D选项）；（3）自残或者自杀的。

考点85　劳动争议调解 ★★★

1. 某建筑企业的劳动争议调解委员会应由（　　）组成。

A. 企业的法定代表人与劳动行政部门的代表

B. 企业的工会代表与劳动行政部门的代表

C. 企业的职工代表和企业代表

D. 企业的职工代表、企业代表和劳动行政部门的代表

【答案】C

【解析】企业劳动争议调解委员会由职工代表和企业代表组成。职工代表由工会成员担任或者由全体职工推举产生，企业代表由企业负责人指定。企业劳动争议调解委员会主任由工会成员或者双方推举的人员担任。

2. 根据《劳动争议调解仲裁法》，劳动争议调解组织包括（　　）。

A. 在乡镇设立的具有劳动争议调解职能的组织

B. 在街道设立的具有劳动争议调解职能的组织

C. 企业劳动争议调解委员会

D. 劳动行政部门依法设立的调解组织

E. 依法设立的基层人民调解组织

【答案】ABCE

【解析】《劳动争议调解仲裁法》规定，劳动争议调解组织包括：（1）企业劳动争议调解委员会（对应C选项）；（2）依法设立的基层人民调解组织（对应E选项）；（3）在乡镇、街道设立的具有劳动争议调解职能的组织（对应A、B选项）。

考点86　劳动争议仲裁 ★★★

1. 劳动争议仲裁委员会的组成成员包括（　　）。

A. 企业方面的代表　　　　　　　　B. 工会代表

C. 劳动行政部门代表　　　　　　　D. 人民检察院代表

E. 人民法院代表

【答案】ABC

【解析】劳动争议仲裁委员会由劳动行政部门代表、工会代表和企业方面代表组成。劳动争议仲裁委员

会组成人员应当是单数。

2.劳动争议申请仲裁的时效期间为（　　），其仲裁时效期间从当事人知道或者应当知道其权利被侵害之日起计算。

A.3年　　　　　　　　　　　　B.2年

C.6个月　　　　　　　　　　　D.1年

【答案】D

【解析】劳动争议申请仲裁的时效期间为1年，其仲裁时效期间从当事人知道或者应当知道其权利被侵害之日起计算。

3.甲建筑公司拖欠王某劳动报酬，双方于2013年10月8日发生争议，2014年11月1日，劳动合同终止，则王某最晚应在（　　）之前提出劳动仲裁。

A.2014年10月8日　　　　　　B.2015年10月8日

C.2015年11月1日　　　　　　D.2016年11月1日

【答案】C

【解析】劳动关系存续期间因拖欠劳动报酬发生争议的，劳动者申请仲裁不受1年仲裁时效期间的限制；但是，劳动关系终止的，应当自劳动关系终止之日起1年内提出。

专题十　建设工程争议解决法律制度

导图框架

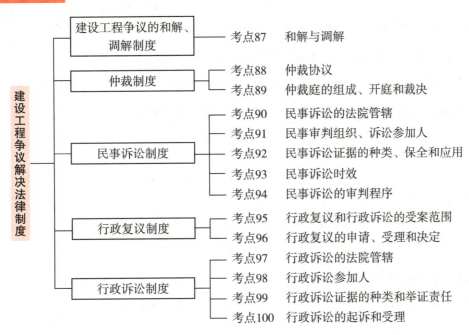

专题雷达图

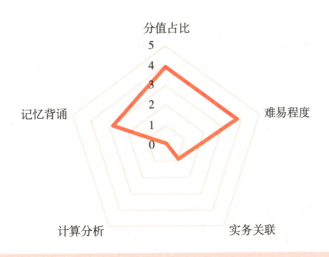

分值占比：本专题在法规考试中分值占比较高，预计20分左右。

难易程度：本专题内容学习难度较大，易错易混，需要在学习时多听、多练并经常总结。

实务关联：本专题与实务考试相关联考点不多，主要涉及建设工程争议和解、调解制度、仲裁制度，民事诉讼制度，行政复议制度，行政诉讼制度等。

计算分析：本专题基本不会考查计算题。

记忆背诵：本专题对民事诉讼制度内容做了大篇幅修改，对行政诉讼制度内容做了大篇幅的扩充，应联系工程实际理解相关内容，辨析关键词，对考点进行精准把握。

考点练习

考点87 和解与调解 ★★★

1.下列对于争议解决方式中的和解方式,理解正确的是( )。

A.双方当事人在自愿协商的基础上,达成的和解协议,具有强制执行力

B.当事人申请仲裁后,自行和解,达成和解协议的,应当由仲裁庭根据和解协议作出裁决书

C.当事人申请仲裁后,自行和解,达成和解协议的,可以撤回仲裁申请

D.在诉讼中和解的,可以请求法院制作调解书,无法律效力

【答案】C

【解析】和解可以和仲裁、诉讼程序相结合:当事人达成和解协议的,已提请仲裁的,可以请求仲裁庭根据和解协议作出裁决书或调解书,也可以撤回仲裁申请(对应C选项)。已提起诉讼的,可以请求法庭在和解协议基础上制作调解书,或者由当事人双方达成和解协议,由法院记录在案。

2.关于民事纠纷和解的说法中正确的是( )。

A.民事仲裁中当事人和解的,可以请求仲裁庭根据和解协议作出裁决书

B.民事案件执行阶段不得和解

C.民事诉讼当事人和解的,应当撤回起诉

D.当事人在民事诉讼中达成的和解协议具有强制执行力

【答案】A

【解析】B选项错误,和解的应用很灵活,当事人可以在多种情形下达成和解协议,包括执行阶段。C、D选项错误,诉讼阶段的和解没有法律效力。A选项正确,当事人和解后,可以请求法院调解,制作调解书,经当事人签名盖章产生法律效力,从而结束全部或部分诉讼程序。结束全部程序的,即视为当事人撤销诉讼。

3.关于建设工程施工合同纠纷和解的说法中正确的是( )。

A.和解可以在民事纠纷的任何阶段进行

B.当事人自行达成的和解协议具有强制执行力

C.已经申请仲裁,当事人达成和解的,应当请求仲裁庭制作仲裁调解书

D.已经提起诉讼,当事人达成和解的,不得请求法院制作民事调解书

【答案】A

【解析】B选项错误,当事人自行达成的和解协议不具有强制执行力,在性质上仍属于当事人之间的约定。C选项错误,当事人达成和解协议,已提请仲裁的,可以请求仲裁庭根据和解协议作出裁决书或仲裁调解书。D选项错误,当事人达成和解协议,已提起诉讼的,可以请求法庭在和解协议基础上制作调解书。

4.关于人民调解的说法中正确的是（　　）。

A.人民调解委员会是依法设立的调解民间纠纷的群众性自治组织

B.人民委员会经调解达成的调解书与仲裁调解书具有相同的法律效力

C.人民委员会经调解达成的调解协议具有法律约束力

D.当事人对人民调解委员会经调解达成的调解协议有争议的，不得起诉

【答案】C

【解析】A选项错误，人民调解委员会是村民委员会和居民委员会下设的调解民间纠纷的群众性组织，在人民政府和基层人民法院指导下进行工作。B选项错误，经人民调解委员会调解达成的调解协议具有法律约束力，当事人应当按照约定履行。达成调解协议后，双方当事人认为有必要的，可以自调解协议生效之日起30日内共同向调解组织所在地基层人民法院申请司法确认调解协议。经司法确认的调解协议具有强制执行力，其与仲裁调解书具有相同的法律效力。C选项正确，人民委员会经调解达成的调解协议具有法律约束力。D选项错误，当事人就调解协议的履行或者调解协议的内容发生争议的，一方当事人可以向人民法院提起诉讼。

5.根据《民事诉讼法》，关于法院调解的调解书的说法中正确的有（　　）。

A.调解书应当写明诉讼请求、调解结果和理由

B.调解书由审判员、书记员署名并加盖其印章，送达双方当事人

C.法院调解达成协议的，人民法院可以不制作调解书

D.能够即时履行的案件，人民法院可以不制作调解书

E.调解书经双方当事人签收后，即具有法律效力

【答案】DE

【解析】A选项错误，调解书应当写明诉讼请求、案件的事实和调解结果。B选项错误，其印章指代不明确，应具体到法院公章。C选项错误，法院调解达成协议的，人民法院应当制作调解书。

6.民事纠纷中，当事人达成调解协议，人民法院可以不制作调解书的是（　　）。

A.调解和好的离婚案件　　　　　　　　B.能够即时履行的案件

C.调解维持赡养关系的案件　　　　　　D.标的额较小的案件

E.调解继续履行合同的案件

【答案】AB

【解析】下列案件调解达成协议，人民法院可以不制作调解书：（1）调解和好的离婚案件（对应A选项）；（2）调解维持收养关系的案件；（3）能够即时履行的案件（对应B选项）；（4）其他不需要制作调解书的案件。对不需要制作调解书的协议，应当记入笔录，由双方当事人、审判人员、书记员签名或者盖章后，即具有法律效力。

7.仲裁庭调解达成协议的，调解书自（　　），即发生法律效力

A.仲裁庭制作完成后　　　　　　　　　B.当事人签收后

C.人民法院确认后　　　　　　　　　　D.当事人签字后

【答案】B

【解析】按照《仲裁法》的规定，仲裁庭在作出裁决前，可以先行调解。当事人自愿调解的，仲裁庭应当调解。调解不成的，应当及时作出裁决。调解达成协议的，仲裁庭应当制作调解书或者根据协议的结果制作裁决书。调解书与裁决书具有同等法律效力。调解书经双方当事人签收后，即发生法律效力。

8.关于仲裁调解的说法中正确的是（　　）。

A.仲裁庭在作出裁决前，应当先行调解

B.在调解书签收前当事人反悔的，仲裁庭应当及时作出裁决

C.法院在强制执行仲裁裁决时应当进行调解

D.调解书经双方当事人签收后，若当事人反悔，则调解书不具有法律效力

【答案】B

【解析】A选项错误，仲裁庭在作出裁决前，"可以"先行调解。C选项属于无中生有，法院正常执行就可以，不存在调解。D选项错误，调解书经双方当事人签收后，即发生法律效力，反悔不影响效力。

考点88　仲裁协议★★★

1.关于仲裁协议效力确认的说法中正确的是（　　）。

A.当事人对仲裁协议效力有异议的，应当在举证期限内提出

B.当事人对仲裁协议效力有异议，一方向仲裁委员会提出，另一方向人民法院提出的，由人民法院裁定

C.仲裁委员会对仲裁协议效力的确认，应当采用裁定的方式作出

D.当事人向人民法院申请确认仲裁协议效力的案件，由仲裁协议约定的仲裁机构所在地、仲裁协议签订地、申请人住所地或被申请人住所地的高级人民法院管辖

【答案】B

【解析】A选项错误，当事人对仲裁协议效力有异议的，应当在仲裁庭首次开庭前提出。B选项正确，C选项错误，当事人既可以请求仲裁委员会作出决定，也可以请求人民法院裁定。D选项错误，当事人向人民法院申请确认仲裁协议效力的案件，由仲裁协议约定的仲裁机构所在地、仲裁协议签订地、申请人住所地、被申请人住所地的中级人民法院或者专门人民法院管辖。

2.仲裁协议应当具备的内容有（　　）。

A.仲裁事项　　　　　　　　　　　　B.请求仲裁的意思表示

C.选定的仲裁委员会　　　　　　　　D.具体的仲裁请求和事实、理由

E.仲裁委员会的住所地

【答案】ABC

【解析】仲裁协议应当具有下列内容：（1）请求仲裁的意思表示；（2）仲裁事项；（3）选定的仲裁委

员会。这三项内容必须同时具备，仲裁协议才能有效。

3.关于仲裁协议的说法中正确的有（　　）。

A.仲裁协议应当是书面形式

B.仲裁协议可以是口头订立的，但需双方认可

C.仲裁协议必须在纠纷发生前达成

D.没有仲裁协议，也就无法进行仲裁

E.有效的仲裁协议排除了人民法院对仲裁协议约定事项的司法管辖权

【答案】ADE

【解析】仲裁协议是指当事人自愿将已经发生或者可能发生的争议通过仲裁解决的书面协议，所以A选项正确，B、C选项错误。当事人申请仲裁，仲裁委员会受理仲裁、仲裁庭对仲裁案件的审理和裁决，都必须以当事人依法订立的仲裁协议为前提。没有仲裁协议，一方申请仲裁的，仲裁委员会不予受理，所以D选项正确。有效的仲裁协议排除了人民法院对仲裁协议约定事项的司法管辖权，所以E选项正确。

4.关于仲裁协议的说法中正确的有（　　）。

A.仲裁协议必须在纠纷发生前达成

B.当事人对仲协议效力有异议的，应当在仲裁庭首次开庭前提出

C.仲裁协议可以采用口头形式，但需双方认可

D.合同解除后，合同中的仲裁条款仍然有效

E.仲裁协议约定两个以上仲裁机构，当事人不能就仲裁机构选择达成一致的，可以由司法行政主管部门指定

【答案】BD

【解析】A选项错误，纠纷前或者纠纷后均可达成仲裁协议。C选项错误，仲裁协议应当采用书面形式，口头方式达成的仲裁意思表示无效。E选项错误，当事人不能就仲裁机构选择达成一致的，仲裁协议无效。

5.关于仲裁协议的说法中正确的有（　　）。

A.合同无效的，仲裁协议无效

B.仲裁协议应当采用书面形式

C.约定发生争议可以提交仲裁也可以提交诉讼的仲裁协议有效

D.仲裁协议可以是合同中的仲裁条款

E.仲裁协议可以是独立的仲裁协议书

【答案】BDE

【解析】A选项错误，仲裁协议独立存在，合同的变更、解除、终止或者无效，以及合同成立后未生效、被撤销等，均不影响仲裁协议的效力。C选项错误，有效的仲裁协议可以排除法院对案件的司法管辖权，只有在没有仲裁协议或者仲裁协议无效的情况下，法院才可以对当事人的纠纷予以受理。

考点89 仲裁庭的组成、开庭和裁决★★★

1.根据《仲裁法》，关于仲裁庭组成的说法中正确的是（　　）。

A.仲裁庭必须由3名及3名以上的单数仲裁员组成

B.仲裁庭可由当事人双方各选定两名仲裁员组成

C.首席仲裁员可以由当事人双方共同选定

D.首席仲裁员由仲裁委员会任命产生

【答案】C

【解析】A选项错误，仲裁庭的组成形式包括合议仲裁庭和独任仲裁庭，即仲裁庭可以由3名仲裁员或者1名仲裁员组成。B、D选项错误，C选项正确，当事人约定由3名仲裁员组成仲裁庭的，应当各自选定或者各自委托仲裁委员会主任指定1名仲裁员，第3名仲裁员由当事人共同选定或者共同委托仲裁委员会主任指定。

2.关于仲裁庭组成的说法中正确的有（　　）。

A.当事人未在规定期限内选定仲裁员的，由仲裁委员会主任指定

B.首席仲裁员应当由仲裁委员会指定

C.当事人双方必须各自选定合议仲裁庭中的1名仲裁员

D.仲裁庭可以由3名仲裁员组成

E.仲裁庭可以由1名仲裁员组成

【答案】ADE

【解析】B选项错误，第三名仲裁员由当事人共同选定或者共同委托仲裁委员会主任指定。第三名仲裁员是首席仲裁员。C选项错误，当事人双方应当各自选定或者各自委托仲裁委员会主任指定一名仲裁员。

3.甲施工企业将自己中标的一项工程全部分包给不具备相应资质的乙劳务企业，合同中规定了内容齐全的仲裁条款。因工程款纠纷，乙企业申请了仲裁，但甲接到开庭通知后以仲裁协议无效为由拒不到庭。仲裁庭可以据此（　　）。

A.视为撤回仲裁申请

B.缺席裁决

C.告知乙向法院起诉

D.告知乙请求法院确认仲裁协议的效力

【答案】B

【解析】本题涉及四个知识点：（1）甲施工企业将自己中标的一项工程全部分包给不具备相应资质的乙劳务企业属于转包行为，非法转包属于无效施工合同。（2）合同无效，不影响仲裁协议的效力。（3）仲裁程序中，申请人经书面通知拒不到庭，或未经许可中途退庭，视为撤回仲裁申请；被申请人经书面通知拒不到庭，或未经许可中途退庭，可以缺席裁决（故B选项正确）。（4）当事人对仲裁协议有异议的，应当在

首次开庭前提出。

4.根据《仲裁法》，合议仲裁庭作出仲裁裁决应当（　　）。

A.按照首席仲裁员的意见作出
B.按照多数仲裁员的意见作出
C.按照仲裁委员会主任的意见作出
D.按照首席仲裁员和仲裁委员会主任的共同意见作出

【答案】B

【解析】合议仲裁庭审理的案件由三名仲裁员集体作出仲裁裁决。裁决应当按照多数仲裁员的意见作出，少数仲裁员的不同意见可以记入笔录。仲裁庭无法形成多数意见时，按照首席仲裁员的意见作出。

5.关于仲裁裁决效力的说法中正确的是（　　）。

A.仲裁裁决具有强制执行力，一方当事人不履行，对方当事人可以向仲裁委员会申请强制执行
B.仲裁裁决在所有《承认及执行外国仲裁裁决公约》缔约国或地区，不能直接承认和执行
C.当事人向人民法院请求撤销裁决决定的，该裁决书不发生法律效力
D.一裁终局，当事人就同一纠纷再申请仲裁或向人民法院起诉的，不予受理

【答案】D

【解析】A选项错误，仲裁裁决具有强制执行力，但只能向法院申请强制执行，而不是仲裁委员会。B选项错误，在此地区内可以得到承认和执行。C选项错误，只有当当事人的请求获得批准，即仲裁裁决被法院依法撤销后，裁决书才不发生法律效力，不是一申请就无效。

考点90　民事诉讼的法院管辖★★★

1.下列选项中可以适用专属管辖的纠纷有（　　）。

A.政策性房屋买卖纠纷
B.农村土地承包经营合同纠纷
C.建设工程施工合同纠纷
D.公益捐款合同纠纷
E.行政奖励合同纠纷

【答案】ABC

【解析】《民事诉讼法》中规定了3种适用专属管辖的案件，其中因不动产纠纷提起的诉讼，由不动产所在地人民法院管辖，如政策性房屋买卖纠纷、农村土地承包经营合同纠纷、房屋租赁合同纠纷等，故A、B选项正确。《最高人民法院关于适用〈中华人民共和国民事诉讼法〉的解释》规定，建设工程施工合同纠纷按照不动产纠纷确定管辖，故C选项正确。不动产已登记的，以不动产登记簿记载的所在地为不动产所在地；不动产未登记的，以不动产实际所在地为不动产所在地。

2.根据《民事诉讼法》，合同当事人可以在书面合同中协议选择（　　）的人民法院管辖。

A.原告住所地
B.被告住所地
C.合同履行地
D.双方约定的其他地方
E.合同签订地

【答案】ABCE

【解析】《民事诉讼法》规定，合同的当事人可以在书面合同中协议选择被告住所地、合同履行地、合同签订地、原告住所地、标的物所在地人民法院管辖，但不得违反本法对级别管辖和专属管辖的规定。

3.关于民事诉讼中移送管辖的说法中正确的是（　　）。

A.移送管辖是没有管辖权的法院把案件移送给有管辖权的法院管理

B.移送管辖限于上下级法院之间

C.受移送的人民法院认为受移送的案件不属于本院管辖的，可以再自行移送

D.移送管辖与管辖权转移的程序完全相同

【答案】A

【解析】B选项错误，移送管辖可以发生在同级法院之间，也可以发生在上下级法院之间。C选项错误，受移送的人民法院认为受移送的案件依照规定不属于本院管辖的，应当报请上级人民法院指定管辖，不得再另行移送。D选项错误，移送管辖与管辖权转移的程序不完全相同。

考点91　民事审判组织、诉讼参加人★★★

1.当事人不服地方人民法院第一审判决的民事诉讼案件，有权在判决书送达之日起（　　）日内向上一级人民法院提起上诉。

A.5　　　　　　　　B.10　　　　　　　　C.15　　　　　　　　D.20

【答案】C

【解析】我国民事诉讼实行两审终审制度，即民事案件经两级法院审判即宣告终结。当事人不服地方人民法院第一审判决的，有权在判决书送达之日起15日内向上一级人民法院提起上诉，故C选项正确。当事人对人民法院作出不予受理、对管辖权有异议的和驳回起诉的裁定不服的，有权在裁定书送达之日起10日内向上一级人民法院提起上诉。超过上诉期没有上诉的判决、裁定，是发生法律效力的判决、裁定。第二审人民法院的判决、裁定，是终审的判决、裁定。

2.人民法院审理案件的组织形式分为（　　）。

A.独任制　　　　　　　　　　　　B.评议制

C.基层制　　　　　　　　　　　　D.合议制

E.协议制

【答案】AD

【解析】人民法院审理案件的组织形式分为合议制和独任制两种。

3.根据《最高人民法院关于适用〈中华人民共和国民事诉讼法〉的解释》，审判人员有（　　）情形之一的，应当自行回避，当事人有权申请其回避。

A.其近亲属持有本案上市公司当事人的股份

B.是本案当事人或者当事人近亲属的

C.是本案诉讼代理人近亲属的

D.本人或者其近亲属与本案有利害关系的

E.担任过本案的诉讼代理人的

【答案】BCDE

【解析】根据《最高人民法院关于适用〈中华人民共和国民事诉讼法〉的解释》，审判人员有下列情形之一的，应当自行回避，当事人有权申请其回避：（1）是本案当事人或者当事人近亲属的（对应B选项）；（2）本人或者其近亲属与本案有利害关系的（对应D选项）；（3）担任过本案的证人、鉴定人、辩护人、诉讼代理人、翻译人员的（对应E选项）；（4）是本案诉讼代理人近亲属的（对应C选项）；（5）本人或者其近亲属持有本案非上市公司当事人的股份或者股权的；（6）与本案当事人或者诉讼代理人有其他利害关系，可能影响公正审理的。

4.根据《最高人民法院关于适用〈中华人民共和国民事诉讼法〉的解释》，审判人员有（　　）情形之一的，当事人有权申请其回避。

A.会见本案当事人的　　　　　　　　B.接受本案当事人宴请的

C.向本案当事人及其受托人借用款物的　　D.接受本案受托人财物的

E.为本案当事人介绍诉讼代理人的

【答案】BCDE

【解析】根据《最高人民法院关于适用〈中华人民共和国民事诉讼法〉的解释》，审判人员有下列情形之一的，当事人有权申请其回避：（1）接受本案当事人及其受托人宴请，或者参加由其支付费用的活动的（对应B选项）；（2）索取、接受本案当事人及其受托人财物或者其他利益的（对应D选项）；（3）违反规定会见本案当事人、诉讼代理人的；（4）为本案当事人推荐、介绍诉讼代理人，或者为律师、其他人员介绍代理本案的（对应E选项）；（5）向本案当事人及其受托人借用款物的（对应C选项）；（6）有其他不正当行为，可能影响公正审理的。

5.根据《民事诉讼法》，施工企业作为诉讼当事人时，可以委托（　　）作为其诉讼代理人。

A.分公司负责人　　　　　　　　　　B.法定代表人

C.检察官　　　　　　　　　　　　　D.行业协会推荐的法律顾问

E.基层法律工作者

【答案】ADE

【解析】下列人员可以被委托为诉讼代理人：（1）律师、基层法律服务工作者；（2）当事人的近亲属或者工作人员；（3）当事人所在社区、单位以及有关社会团体推荐的公民。

考点92　民事诉讼证据的种类、保全和应用★★★

1.当事人提交给法院的以下材料中，不属于民事诉讼证据的有（　　）。

A.建筑工程法规　　　　　　　　B.建筑材料检验报告

C.工程竣工验收现场录像　　　　D.双方往来的电子邮件

【答案】A

【解析】根据《民事诉讼法》的规定，根据表现形式的不同，民事证据有以下8种，分别是：当事人的陈述、书证、物证、视听资料、电子数据、证人证言、鉴定意见、勘验笔录。法律法规条文不是证据，可以直接使用。

2.下列不能单独作为认定案件事实依据的有（　　）。

A.以侵害他人合法权益或者违反法律禁止性规定的方法取得的证据

B.与一方当事人或其代理人有利害关系的证人出具的证言

C.无法与原件、原物核对的复印件、复制品

D.未出庭作证的证人证言

E.未成年人所作的与其年龄和智力状况不相当的证言

【答案】BCE

【解析】以下证据不能单独作为认定案件事实的依据：（1）当事人的陈述；（2）无民事行为能力人或者限制民事行为能力人所作的与其年龄、智力状况或者精神健康状况不相当的证言（对应E选项）；（3）与一方当事人或者其代理人有利害关系的证人陈述的证言（对应B选项）；（4）存有疑点的视听资料、电子数据；（5）无法与原件、原物核对的复制件、复制品（对应C选项）。

3.关于民事诉讼证据认证的说法中正确的是（　　）。

A.当事人的陈述可以单独作为认定案件事实的依据

B.与一方当事人有利害关系的证人陈述的证言可以作为认定案件事实的依据

C.由当事人提交或者保管的于己不利的电子数据，人民法院不得确认其真实性

D.一方当事人控制证据无正当理由拒不提交，对待证事实负有举证责任的当事人主张该证据的内容不利于控制人的，法院不得认定该主张成立

【答案】B

【解析】A选项错误，B选项正确，当事人的陈述是不能单独作为证据来认定案件事实的依据。C选项错误，由当事人提交或者保管的于己不利的电子数据，人民法院应当确认其真实性。D选项错误，一方当事人控制证据无正当理由拒不提交，对待证事实负有举证责任的当事人主张该证据的内容不利于控制人的，法院可以认定该主张成立。

考点93 民事诉讼时效★★★

1.关于诉讼时效的说法中正确的是（　　）。
　A.人民法院应当主动适用诉讼时效的规定
　B.超过诉讼时效期间后权利人起诉的，人民法院不予受理
　C.诉讼时效期间届满后，义务人已经自愿履行的，可以请求返还
　D.当事人对诉讼时效利益的预先放弃无效

【答案】D

【解析】A选项错误，人民法院不得主动适用诉讼时效的规定。B选项错误，超过诉讼时效期间权利人起诉，如果符合《民事诉讼法》规定的起诉条件，法院仍然应当受理。C选项错误，诉讼时效期间届满后，义务人同意履行的，不得以诉讼时效期间届满为由抗辩；义务人已经自愿履行的，不得请求返还。

2.关于民事诉讼时效期间的说法中正确的是（　　）。
　A.普通诉讼时效期间为3年　　　　　　　B.权利的最长保护期限为10年
　C.国际货物买卖合同争议的时效期间为3年　D.技术进出口合同争议的时效期间为2年

【答案】A

【解析】B选项错误，权利的最长保护期为20年。C选项错误，国际货物买卖合同争议的时效期间为4年。D选项错误，技术进出口合同争议的时效期间为4年。

3.根据施工合同，甲建设单位应于2009年9月30日支付乙建筑公司工程款。2010年6月1日，乙单位向甲单位提出支付请求，则就该项款额的诉讼时效（　　）。
　A.中断　　　　　　B.中止　　　　　　C.终止　　　　　　D.届满

【答案】A

【解析】诉讼时效因提起诉讼、当事人一方提出要求或者同意履行义务而中断。从中断时起，诉讼时效期间重新计算。

4.关于诉讼时效中断的说法中正确的有（　　）。
　A.自诉讼时效中断的原因消除之日起六个月诉讼时效期间届满
　B.人民法院应当认定申报破产债权与提起诉讼具有同等诉讼时效中断的效力
　C.权利人对同一债权中的部分债权主张权利，诉讼时效中断的效力不及于剩余债权
　D.债权转让的，应当认定诉讼时效从债权转让通知到达债务人之日起中断
　E.因权利人被义务人控制，不能行使请求权的，诉讼时效中断

【答案】BD

【解析】A选项错误，是诉讼时效中止而非中断。自中止时效的原因消除之日起满6个月，诉讼时效期间届满。C选项错误，权利人对同一债权中的部分债权主张权利，诉讼时效中断的效力及于剩余债权，但权利人明确表示放弃剩余债权的情形除外。E选项错误，在诉讼时效期间的最后六个月内，因权利人被义务人控

制，不能行使请求权的，诉讼时效中止。

5.下列情形中可以引起诉讼时效中断的有（　　）。

A.不可抗力　　　　　　　　　　　　B.权利人被义务人或者其他人控制

C.权利人申请仲裁　　　　　　　　　D.义务人同意履行义务

E.权利人向义务人提出履行请求

【答案】CDE

【解析】A、B选项属于诉讼时效中止的情形。有下列情形之一的，诉讼时效中断，从中断、有关程序终结时起，诉讼时效期间重新起算：（1）权利人向义务人提出履行请求；（2）义务人同意履行义务；（3）权利人提起诉讼或者申请仲裁；（4）与提起诉讼或者申请仲裁具有同等效力的其他情形。C选项对应（3）；D选项对应（2）；E选项对应（1）。

考点94　民事诉讼的审判程序★★★

1.根据《民事诉讼法》，起诉必须符合的条件有（　　）。

A.原告是与本案有直接利害关系的公民、法人和其他组织

B.有明确的被告

C.有具体的诉讼请求和理由

D.事实清楚，证据确实充分

E.属于人民法院受理民事诉讼的范围和受诉法院管辖

【答案】ABCE

【解析】《民事诉讼法》规定，起诉必须符合下列条件：（1）原告是与本案有直接利害关系的公民、法人和其他组织；（2）有明确的被告；（3）有具体的诉讼请求、事实和理由；（4）属于人民法院受理民事诉讼的范围和受诉人民法院管辖。

2.甲诉乙建设工程施工合同纠纷一案，人民法院立案审理。在庭审中，甲方未经法庭许可中途退庭，则人民法院对该诉讼案件（　　）。

A.移送二审法院裁决　　B.按撤诉处理　　C.按缺席判决　　D.进入再审程序

【答案】B

【解析】原告经传票传唤，无正当理由拒不到庭的，或者未经法庭许可中途退庭的，可以按撤诉处理；被告反诉的，可以缺席判决。被告经传票传唤，无正当理由拒不到庭的，或者未经法庭许可中途退庭的，可以缺席判决。

3.开发商起诉建筑公司要求赔偿工期延误损失，建筑公司反诉开发商支付拖欠工程款。开发商发现胜诉机会很小，开庭时不再诉讼参加，法院发出传票也拒绝接收，则案件的审理结果是（　　）。

A.判决建筑公司胜诉　　　　　　　　B.开发商要求赔偿工期延误损失的诉讼缺席判决

C.建筑公司的反诉中止审理　　　　　　　　D.建筑公司的反诉缺席判决

【答案】D

【解析】原告经传票传唤，无正当理由拒不到庭的，或者未经法庭许可中途退庭的，可以按撤诉处理；被告反诉的，可以缺席判决。被告经传票传唤，无正当理由拒不到庭的，或者未经法庭许可中途退庭的，可以缺席判决。

4.关于民事诉讼中简易程序的说法中正确的是（　　）。

A.基层人民法院审理的民事案件，当事人双方可以约定适用简易程序

B.第一审民事案件和第二审民事案件的审理均可适用简易程序

C.简易程序应当在立案之日起6个月内审结

D.简易程序的审理期限由本院院长批准可以延长

【答案】A

【解析】A选项正确，B选项错误，简易程序是基层人民法院和它派出的法庭审理事实清楚、权利义务关系明确、争议不大的简单民事案件适用的程序。基层人民法院和它派出的法庭审理上述规定以外的民事案件，当事人双方也可以约定适用简易程序。C、D选项错误，适用简易程序审理的案件，应当在立案之日起3个月内审结，特殊情况需要延长的，经本院院长批准，可延长1个月。

5.当事人不服地方人民法院一审裁定的，应当（　　）。

A.自判决书送达之日起15日内向上一级人民法院提起上诉

B.自裁定书送达之日起15日内向上一级人民法院提起上诉

C.自裁定书送达之日起10日内向上一级人民法院提起上诉

D.自判决书送达之日起10日内向上一级人民法院提起上诉

【答案】C

【解析】当事人不服地方人民法院第一审判决的，有权在判决书送达之日起15日内向上一级人民法院提起上诉；不服地方人民法院第一审裁定的，有权在裁定书送达之日起10日内向上一级人民法院提起上诉。

考点95　行政复议和行政诉讼的受案范围★★★

1.公民、法人或者其他组织对行政机关的（　　）不服，可以申请行政复议。

A.行政处罚　　　　　　　　　　　　　　B.行政强制措施

C.行政处分　　　　　　　　　　　　　　D.行政许可

E.行政指导

【答案】ABD

【解析】根据2017年9月经修改后公布的《中华人民共和国行政复议法》的规定，有11项可申请行政复议的具体行政行为，结合建设工程实践，其中7种尤为重要：(1)对行政机关作出的警告、罚款、没收违法所得、

没收非法财物、责令停产停业、暂扣或者吊销许可证、暂扣或者吊销执照、行政拘留等行政处罚决定不服的；（2）对行政机关作出的限制人身自由或者查封、扣押、冻结财产等行政强制措施决定不服的；（3）对行政机关作出的有关许可证、执照、资质证、资格证等证书变更、中止、撤销的决定不服的；（4）认为行政机关侵犯合法的经营自主权的；（5）认为行政机关违法集资、征收财物、摊派费用或者违法要求履行其他义务的；（6）认为符合法定条件，申请行政机关颁发许可证、执照、资质证、资格证等证书，或者申请行政机关审批、登记有关事项，行政机关没有依法办理的；（7）认为行政机关的其他具体行政行为侵犯其合法权益的。故A、B、D选项正确。

2.下列情形中属于行政复议受理范围的是（   ）。

A.法院依职权对案件当事人的财产进行保全查封、扣押

B.王某在工地偷盗被公安机关行政拘留

C.监理工程师对质量不合格的建筑材料进行封存

D.公务员王某被给予行政处分

【答案】B

【解析】行政机关作出的警告、罚款、没收违法所得、没收非法财物、责令停产停业、暂扣或者吊销许可证、暂扣或者吊销执照、行政拘留等行政处罚决定属于行政复议范围。A选项为司法机关行为，C选项为民事行为，D选项为行政机关的行政处分，均非正确选项。

3.下列事项中不能提出行政复议申请的是（   ）。

A.对行政机关就民事纠纷作出的调解处理不服的

B.对行政机关作出的警告决定不服的

C.对行政机关作出的资质证书变更决定不服的

D.对行政机关作出的冻结财产措施决定不服的

【答案】A

【解析】下列事项应按规定的纠纷处理方式解决，不能提起行政复议：（1）不服行政机关作出的行政处分或者其他人事处理决定的，应当依照有关法律、行政法规的规定提起申诉；（2）不服行政机关对民事纠纷作出的调解或其他处理，应当依法申请仲裁或者向法院提起诉讼。因此，A选项正确。

考点96　行政复议的申请、受理和决定 ★★★

1.公民、法人或者其他组织认为具体行政行为侵犯其合法权益的，可以自知道该具体行政行为之日起（   ）日内提出行政复议申请。

　　A.15　　　　　　　B.30　　　　　　　C.45　　　　　　　D.60

【答案】D

【解析】公民、法人或者其他组织认为具体行政行为侵犯其合法权益的，可以自知道该具体行政行为之

日起60日内提出行政复议申请。

2.申请人对县级以上地方各级人民政府工作部门的具体行政行为不服的，可以申请行政复议，关于该行政复议的说法，正确的有（　　）。

A.申请人可以向该部门的本级人民政府申请行政复议

B.行政复议经依法受理的在复议期间不得向人民法院提起行政诉讼

C.申请人申请行政复议不可以口头申请

D.申请人应当自知道该具体行政行为之日起60日内提出行政复议申请

E.行政复议机关应当在收到行政复议申请后15日内进行审查，决定是否受理

【答案】AB

【解析】C选项错误，申请人申请行政复议，可以书面申请，也可以口头申请。D选项错误，公民、法人或者其他组织认为具体行政行为侵犯其合法权益的，可以自知道该具体行政行为之日起60日内提出行政复议申请；但法律规定的申请期限超过60日的除外。E选项错误，行政复议机关收到行政复议申请后，应当在5日内进行审查，依法决定是否受理，并书面告知申请人。

考点97　行政诉讼的法院管辖★★★

1.下列第一审行政案件中，应当由中级人民法院管辖的有（　　）。

A.对国务院部门所作的行政行为提起诉讼的　　B.对某市生态环境局所作的行政处罚提起诉讼的

C.对某市人民政府所作的行政行为提起诉讼的　　D.对海关所作的行政行为提起诉讼的

E.某省辖区内重大、复杂的案件

【答案】ACDE

【解析】中级人民法院管辖下列第一审行政案件：（1）对国务院部门或者县级以上地方人民政府所作的行政行为提起诉讼的案件（对应A、C选项）；（2）海关处理的案件（对应D选项）；（3）本辖区内重大、复杂的案件（对应E选项）；（4）其他法律规定由中级人民法院管辖的案件。

2根据《行政诉讼法》，因不动产提起的行政诉讼，由（　　）人民法院管辖。

A.原告住所地　　　　　　　　　　　　　　B.被告住所地

C.由原告选择被告住所地或不动产所在地　　D.不动产所在地

【答案】D

【解析】因不动产提起的行政诉讼，由不动产所在地人民法院管辖。

3.关于行政诉讼管辖的说法，正确的是（　　）。

A.对限制人身自由的行政强制措施不服提出的诉讼，应当由被告所在地人民法院管辖

B.复议机关改变原行政行为的案件，可以由复议机关所在地人民法院管辖

C.中级人民法院管辖第一审行政案件

D.因不动产提起的行政诉讼，由被告所在地人民法院管辖

【答案】B

【解析】A选项错误，对限制人身自由的行政强制措施不服提起的诉讼，由被告所在地或者原告所在地人民法院管辖。C选项错误，基层人民法院管辖第一审行政案件。D选项错误，因不动产提起的行政诉讼，由不动产所在地人民法院管辖。

考点98　行政诉讼参加人★★★

1.当事人对村民委员会受行政机关委托作出的行为不服提起诉讼的，以（　　）为被告。

A.委托的行政机关　　　　　　　　B.村民委员会

C.街道办事处　　　　　　　　　　D.乡人民政府

【答案】A

【解析】当事人对村民委员会或者居民委员会依据法律法规、规章的授权履行行政管理职责的行为不服提起诉讼的，以村民委员会或者居民委员会为被告。当事人对村民委员会、居民委员会受行政机关委托作出的行为不服提起诉讼的，以委托的行政机关为被告。

2.经行政复议的案件，公民、法人或者其他组织起诉复议机关不作为的，其被告是（　　）。

A.作出原行政行为的行政机关

B.作出原行政行为的行政机关的上一级

C.复议机关

D.复议机关的上一级

【答案】C

【解析】经复议的案件，复议机关决定维持原行政行为的，作出原行政行为的行政机关和复议机关是共同被告；复议机关改变原行政行为的，复议机关是被告。复议机关在法定期限内未作出复议决定，公民、法人或者其他组织起诉原行政行为的，作出原行政行为的行政机关是被告；起诉复议机关不作为的，复议机关是被告。

3.根据《最高人民法院关于适用〈中华人民共和国行政诉讼法〉的解释》的规定，行政诉讼法规定的第三人，因不能归责于本人的事由未参加诉讼，但有证据证明发生法律效力的判决、裁定、调解书损害其合法权益的，可以依照行政诉讼法的规定，自知道或者应当知道其合法权益受到损害之日起（　　）个月内，向上一级人民法院申请再审。

A.2　　　　　　　B.3　　　　　　　C.5　　　　　　　D.6

【答案】D

【解析】《最高人民法院关于适用〈中华人民共和国行政诉讼法〉的解释》规定，行政诉讼法规定的第三人，因不能归责于本人的事由未参加诉讼，但有证据证明发生法律效力的判决、裁定、调解书损害其合

法权益的，可以依照行政诉讼法的规定，自知道或者应当知道其合法权益受到损害之日起6个月内，向上一级人民法院申请再审。

考点99　行政诉讼证据的种类和举证责任★★★

1.关于行政诉讼举证责任的说法中正确的有（　　）。

A.诉讼过程中，被告可以自行向证人收集证据

B.被告不提供或者无正当理由逾期提供证据，视为没有相应证据

C.原告可以提供证明行政行为违法的证据

D.在行政补偿案件中，因被告的原因导致原告无法就损害情况举证的，应当由被告就该损害情况承担举证责任

E.被告因不可抗力不能提供证据的，经人民法院准许，可以延期提供

【答案】BCDE

【解析】在诉讼过程中，被告及其诉讼代理人不得自行向原告、第三人和证人收集证据。

2.关于行政诉讼证据保全的说法，正确的有（　　）。

A.原告可以向人民法院申请保全证据

B.申请保全证据应当以书面形式提出

C.人民法院可以主动采取保全措施

D.申请保全证据应当在举证期限届满前提出

E.当事人申请保全证据的，人民法院不可以要求其提供相应的担保

【答案】ABCD

【解析】在证据可能灭失或者以后难以取得的情况下，诉讼参加人可以向人民法院申请保全证据，人民法院也可以主动采取保全措施。当事人根据规定向人民法院申请保全证据的，应当在举证期限届满前以书面形式提出，并说明证据的名称和地点、保全的内容和范围、申请保全的理由等事项。当事人申请保全证据的，人民法院可以要求其提供相应的担保。人民法院依照规定保全证据的，可以根据具体情况，采取查封、扣押、拍照、录音、录像、复制、鉴定、勘验、制作询问笔录等保全措施。人民法院保全证据时，可以要求当事人或者其诉讼代理人到场。

考点100　行政诉讼的起诉和受理★★★

1.对行政复议不服提起诉讼的，在收到行政复议决定书之日起（　　）日内起诉。

A.7　　　　　　　　B.10　　　　　　　　C.15　　　　　　　　D.28

【答案】C

【解析】对行政复议不服起诉讼的，在收到行政复议决定书之日起15日内起诉。

2.原告提起行政诉讼，应当符合的法定条件包括（　　）。

A.原告与被告在合同中约定了争议解决的条款

B.原告是认为具体行政行为侵犯其合法权益的公民、法人或者其他组织

C.有明确的被告

D.有具体的诉讼请求和事实根据

E.属于人民法院受案范围和受诉人民法院管辖

【答案】BCDE

【解析】提起诉讼应当符合下列条件：（1）原告是行政行为的相对人以及其他与行政行为有利害关系的公民、法人或者其他组织；（2）有明确的被告；（3）有具体的诉讼请求和事实根据；（4）属于人民法院受案范围和受诉人民法院管辖。

2.甲房地产开发公司对该市建委对其作出不予颁发施工许可证的行为不服，欲直接向人民法院提起诉讼，则甲房地产开发公司应当在知道作出具体行政行为之日起（　　）内提出。

A.3个月　　　　　　　　　　　　　　B.6个月

C.2年　　　　　　　　　　　　　　　D.5年

【答案】B

【解析】行政争议未经行政复议，由当事人直接向法院提起行政诉讼的，除法律另有规定的外，应当在知道或者应当知道作出具体行政行为之日起6个月内起诉。

3.某施工单位在参加投标中有违法行为，建设行政主管部门的处罚决定于5月20日作出，施工单位5月25日收到。11月1日，施工单位欲通过有关途径申请撤销该处罚决定，则下列说法正确的是（　　）。

A.施工单位可以申请复议，也可以不经过复议直接起诉

B.施工单位应先申请复议，不服复议可以向法院起诉

C.施工单位只能向法院起诉

D.施工单位既不可以申请复议，也不可以向法院起诉

【答案】C

【解析】公民、法人或者其他组织认为具体行政行为侵犯其合法权益的，可以自知道该具体行政行为之日起60日内提出行政复议申请；但法律规定的申请期限超过60日的除外。行政复议时效的起算时间为"知道或应当知道该具体行政行为"，即5月25日起。11月1日时，已经过了60天，超过行政复议申请期间，但仍在行政诉讼时效期间6个月内，可以直接提起行政诉讼，C选项正确。

4.下列关于行政复议与行政诉讼的关系中表述正确的是（　　）。

A.当事人只能选择其中一种解决行政纠纷

B.当事人对行政复议决定不服，一般可以提起行政诉讼

C.当事人对行政诉讼裁决不服，一般可以申请行政复议

D.部分行政复议决定是终局裁决，当事人不得再提起行政诉讼

E.行政复议和行政诉讼的受理机构都是行政机关

【答案】BD

【解析】只要法律未规定复议决定为终局裁决的，当事人对复议决定不服的，仍可以按《行政诉讼法》的规定，向人民法院提起诉讼，所以B、D选项正确。A选项可以复议和诉讼，C选项程序反了，所以A、C选项错误。E选项中的复议受理机构是行政复议机关，行政诉讼受理机构是法院，所以E选项错误。

5.因不动产提起诉讼的案件自行政行为作出之日起超过（　　）年的，人民法院不予受理。

A.5　　　　　　　B.10　　　　　　　C.15　　　　　　　D.20

【答案】D

【解析】因不动产提起诉讼的案件自行政行为作出之日起超过20年，其他案件自行政行为作出之日起超过5年提起诉讼的，人民法院不予受理。

6.人民法院接到起诉状，经审查，应当在（　　）日内立案或者作出裁定不予受理。原告对裁定不服的，可以提起上诉。

A.3　　　　　　　B.7　　　　　　　C.15　　　　　　　D.30

【答案】B

【解析】人民法院接到起诉状，经审查，应当在7日内立案或者作出裁定不予受理。原告对裁定不服的，可以提起上诉。

第三部分　触类旁通

总结1　土地承包经营权

土地类型	时间
耕地	30年
草地	30年～50年
林地	30年～70年

总结2　企业所得税的税率

企业分类			税率
居民企业			25%
非居民企业	境内：设立机构、场所的	有实际联系	25%
		无实际联系	20%
	境内：未设立机构、场所的	有实际联系	20%
		无实际联系	20%
国家需要重点扶持的高新技术企业			15%

总结3　环境保护税

浓度值	税率
大气污染物或者水污染物的浓度值低于规定的污染物标准30%的（少）	75%征收
大气污染物或者水污染物的浓度值低于规定的污染物标准50%的（多）	50%征收

总结4　个人所得税

征税方式	项目	税率
超额累进税率	综合所得	3%～45%
	经营所得	5%～35%
比例税率	利息、股息、红利所得，财产租赁所得，财产转让所得，偶然所得	20%

总结5　城市维护建设税

项目	内容
纳税人	凡缴纳消费税、增值税的单位和个人
计税依据	以纳税人实际缴纳的消费税、增值税税额为计税依据，分别与上述税种同时缴纳
税率	（1）纳税人所在地在市区的，税率为7%； （2）纳税人所在地在县城、镇的，税率为5%； （3）纳税人所在地不在市区、县城或镇的，税率为1%

总结6　房产税

项目		内容	
纳税人		房产税在城市、县城、建制镇和工矿区征收。房产税由产权所有人缴纳	
征税	自用	房产税依照房产原值一次减除10%~30%后的余值计算缴纳	税率为1.2%
	出租	以房产租金收入为房产税的计税依据	税率为12%
免税		（1）国家机关、人民团体、军队自用的房产；（2）由国家财政部门拨付事业经费的单位自用的房产；（3）宗教寺庙、公园、名胜古迹自用的房产；（4）个人所有非营业用的房产；（5）经财政部批准免税的其他房产	

总结7　资质序列、类别和等级

资质序列（4个）	资质类别	资质等级
施工综合资质（原施工总承包特级资质）	10个	不分等级
施工总承包	13个	为甲、乙两级
专业承包	18个	（部分专业承包资质不分等级）
专业作业（审批制改为备案制）	不分类别	不分等级

总结8　保证金

类别	提交人	防范	额度
投标保证金	所有投标人	不审慎投标	估算价≤2%，且≤80万
履约保证金	中标人	不履行合同	合同价≤10%

总结9　招标程序的时间要求汇总

招标程序	时间要求
招标人发出（第一份）招标文件	提交投标文件截止时间20日前
招标人发售资格预审、招标文件	≥5日
招标人澄清、修改招标文件	提交投标文件截止时间15日前
投标人对招标文件提出异议	提交投标文件截止时间10日前
退还保证金	收到撤回通知≤5日 签订合同≤5日
签订合同	≤发出中标通知书后30日

总结10　安全生产许可证的有效期制度

项目	企业资质证书	安全生产许可证
领取	省级建设行政主管部门	
有效期	5年	3年
申请延续	期满3个月前	到期前3个月
延续条件	符合资质条件，无不良信用记录	有效期内，无死亡事故，经同意可以不审查
企业变更	工商变更后1个月内办理变更	工商变更后10日内办理变更
遗失补办	由申请人告知资质许可机关，由资质许可机关在官网上发布信息	

总结11 4个证对比

名称	申领人	有效期	申请延期的时间
施工许可证	建设单位	3个月（最长9个月）	—
企业资质证书	建筑业企业	5年	期满3个月前
建造师执业资格注册证书	建造师	3年	有效期届满前30日
安全生产许可证	建筑施工企业	3年	期满前3个月

总结12 安全费用

项目	内容
安全费组成（措施费）	环境保护费； 文明施工费； 安全施工费； 临时设施费
提取基础	建筑安装工程造价，列入工程造价
提取标准（变化）	矿山工程：3.5%； 铁路工程、房屋建筑工程、城市轨道交通工程：3%； 水利水电工程、电力工程：2.5%； 冶炼工程、机电安装工程、化工石油工程、通信工程：2%； 市政公用工程、港口与航道工程、公路工程：1.5%
限制性规定	在竞标时，不得删减此项费用。 总包统一提取（1月内至少50%支付分包），分包单位不再重复提取

总结13 施工中发现文物

项目	内容
工程文物保护规定	事前勘探：由建设单位报请文物行政主管单位进行考古调查、勘探。 事后补办：确因建设工期紧迫或者急需进行抢救发掘的，由省级文物行政部门组织发掘，并同时补办审批手续
施工发现文物的报告	单位或个人应立即报告当地文物部门； 文物部门应当在24小时内赶赴现场； 文物部门应在7日内提出处理意见

总结14 农民工工资支付的规定

存储比例	1% ~ 3%
免除工资保证金	施工合同额低于300万元的工程，且该工程的施工总承包单位在签订施工合同前一年内承建的工程未发生工资拖欠的，各地区可结合行业保障农民工工资支付实际，免除该工程存储工资保证金
工资保证金使用	可以采用银行保函替代工资保证金。 银行5个工作日支付；总承包10个工作日内补足
工资保证金监管	专款专用，除用于清偿或先行清偿施工总承包单位所承包工程拖欠农民工工资外，不得用于其他用途
农民工工资专用账户	总包单位应当在工程施工合同签订之日起30日内开立专用账户，与建设单位、开户银行签订资金管理三方协议

总结15　所有保证金

项目	内容	退还
投标保证金	2%，80万	签订合同后5日内
履约保证金	10%	履行期满（验收合格）
工程质量保证金	3%	缺陷责任期满
农民工工资保证金	1%～3%	农民工工资已结清

总结16　诉讼时效期间的种类

普通诉讼时效	知道或者应当知道	3年
特殊诉讼时效	国际货物买卖合同和技术进出口合同	4年
权利最长保护期	从权利被侵害之日	20年

总结17　一审程序（受理）

受理	符合起诉条件的	应当在7日内立案，并通知当事人
	不符合起诉条件的	应当在7日内作出裁定书，不予受理；原告对裁定不服的，可以提起上诉
立案		人民法院应当在立案之日起5日内将起诉状副本发送被告，被告应当在收到之日起15日内提出答辩状

总结18　二审程序（上诉）

上诉期间	一审判决的	判决书送达之日起15日内
	一审裁定的	在裁定书送达之日起10日内